9783570010693
D1857704

Zu jedem Rezept finden Sie Angaben über

- die **Personenzahl,** für die die Rezepte bestimmt sind
- die **Zubereitungszeit:** sie setzt sich zusammen aus der Arbeits- und Koch- bzw. Backzeit
- die **Nährwerte** pro Portion

Folgende Zeichen und Abkürzungen werden verwendet:

■ = ganz einfach
■ ■ = etwas aufwendiger (komplizierter)
■ ■ ■ = anspruchsvoll

kcal = Kilokalorien (1 kcal = 4.184 kJ)
E = Eiweiß
F = Fett
K = Kohlenhydrate

Übrigens: 1 g Eiweiß enthält etwa 4 kcal
1 g Fett enthält etwa 9 kcal
1 g Kohlenhydrate enthält etwa 4 kcal

g = Gramm
l = Liter
cl = Zentiliter (ca. 10 g)
EL = Eßlöffel (ca. 15 g)
TL = Teelöffel (ca. 5 g)
Msp = Messerspitze (ca. 1 g)

Alle Temperaturen beziehen sich auf den konventionellen Elektroherd mit Ober- und Unterhitze.

Beim Gasherd entsprechen die Temperaturen folgenden Stufen:

175°–200° = Gasstufe 1–2
200°–225° = Gasstufe 3–4
225°–250° = Gasstufe 4–5

- Bei Umluftherden müssen die Backofentemperaturen um 30° niedriger eingestellt werden als angegeben.
- Zeit- und Leistungsangaben für Mikrowellengeräte finden Sie speziell in allen »Rezepten für die Mikrowelle«.

NATÜRLICHER KOCHEN, GESÜNDER LEBEN

MENÜ

VORSPEISEN UND SALATE

AUTOREN UND FOTOGRAFEN

WARENKUNDE & KOCHSCHULE

– Friedrich W. Ehlert –
– Odette Teubner, Kerstin Mosny –

NEUE BÜRGERLICHE KÜCHE

– Rotraud Degner –
– Pete Eising –

KÜCHE INTERNATIONAL

– Rotraud Degner –
– Ulrich Kerth –

GOURMETKÜCHE

– Marianne Kaltenbach –
– Rolf Feuz –

DIE FEINE NATURKÜCHE

Doris Katharina Hessler –
– Ansgar Pudenz –

SCHNELLE KÜCHE

– Cornelia Adam –
– Michael Brauner –

REZEPTE FÜR DIE MIKROWELLE

– Monika Kellermann –
– Odette Teubner, Kerstin Mosny –

SCHLANKE KÜCHE

– Monika Kellermann –
– Volker Goldmann –

NATÜRLICHER KOCHEN GESÜNDER LEBEN

MENÜ

VORSPEISEN UND SALATE

INHALT

WARENKUNDE & KOCHSCHULE

NEUE BÜRGERLICHE KÜCHE

KÜCHE INTERNATIONAL

GOURMET-KÜCHE

FEINE NATURKÜCHE

SCHNELLE KÜCHE

REZEPTE FÜR DIE MIKROWELLE

SCHLANKE KÜCHE

WARENKUNDE & KOCHSCHULE

Vom einfachen Salat über gekeimte Körner und Sprossen bis zur raffinierten Pastete reicht die Palette der Vorspeisen. Salate und Sprossen können durch gebratene Geflügelbrüstchen oder -leber bereichert werden. Salate und Sprossen sind auch ein willkommener Begleiter zu Parfaits, Schaummus, Pasteten, Galantinen und Terrinen. Vorspeisen sollen auf die nachfolgenden Speisen einstimmen und als Appetitanreger wirken. Exotische Früchte, Spargel oder Artischocken, in Verbindung mit geräuchertem Schinken oder Bündnerfleisch, sind wie die Räucherfische köstliche Delikatessen, die Bestandteile von Vorspeisen sein können. Erwähnt werden sollten auch die vielen rohmarinierten, in Scheiben geschnittenen Fische, Schaltiere, Gemüse, Kalb- und Wildfleischteile. Ebenso beliebt sind nach wie vor Matjesheringe oder Eier als pikante Vorspeise.

Die Terrine wird in hitzebeständigen Formen gegart. Terrinenformen gibt es in verschiedenen Materialien. Das Angebot reicht von der Ton- bis zur hermetisch verschließbaren Aluminiumform. Terrinen werden im Wasserbad im Ofen gegart und oft auch als Pasteten angeboten. Terrinenfüllungen können aus unterschiedlichen Farcen bestehen: der klassischen, bestehend aus Schweinefleisch, fettem, frischem Speck und Gewürzen. Der modernen, die aus der Grundsubstanz Gewürzen, Eiweiß, Sahne und einer passenden Einlage besteht. Letztere wird oft als Parfait bezeichnet.

Die Galantine besteht aus der Hülle, die ihr den Namen gibt, und der Füllung. Bei Geflügel, Wild und Schlachtfleisch kann die Farce aus Fleisch und Speck oder Fleisch und Sahne bestehen. Bei Fischgalantinen verwendet man eine Sahnefarce. Die Füllungen werden durch die Zugabe von entsprechenden Einlagen optisch und geschmacklich aufgewertet und - eingehüllt in einen Mantel aus Fisch, Fleisch oder Geflügel und eingewickelt in Klarsichtfolie – in Brühe oder leicht gesalzenem Wasser schwimmend gegart.

Vielerlei Formen und Küchenwerkzeuge sind für die Zubereitung klassischer Vorspeisen unerläßlich: Ausstecher (1), Backpinsel (2), Spitzsieb (3), Teigrädchen (4), Teigkneifer (5), Teigschaber (6), Schneekessel (7), Auflauf- und Timbaleformen (8), Terrinen- und Pastetenformen (9), Schneebesen (10) und Mixer oder Pürierstab (11), Edelstahlschüsseln (12), Kasserolle (13), Holzrahmensieb (14), Palette (15).

KLASSISCHE VORSPEISEN

Das Parfait wurde in der klassischen Küche ausschließlich aus Enten- und Gänselebern zubereitet. Heute ist der Begriff Parfait nicht mehr so streng abgegrenzt. Oft wird eine Terrine oder auch ein gefrorenes Dessert (z. B. Zimtparfait) als solches bezeichnet. Farcen sollten aus den besten Zutaten hergestellt werden und eine feine schmelzende Konsistenz haben.

Das Mousse (Schaummus) ist die zarteste Kreation unter den Vorspeisen. Das Angebot reicht von Avocado- über Leber-, Meeresfrüchte- und Geflügelmousse bis hin zum Tomaten- und anderem Fruchtmousse. Die Bestandteile des Mousse sind die Hauptzutat, die ihm den Namen gibt, aufgelöste Gelatine, Gewürze und geschlagene Sahne. Es gibt auch Rezepte, bei denen die Bindung durch Butter statt durch Gelatine bewirkt wird.

Die Pastete wird aus einer Teighülle und einer Füllung zubereitet. Die Teighülle kann aus Mürbe- oder Briocheteig bestehen. Die Füllungen und Einlagen können identisch mit denen der Terrine sein. Der beim Backen entstehende Hohlraum wird nach dem Auskühlen mit Gelee ausgefüllt.

Der Aspik ist eine Vorspeise, die aus Gelee mit Fisch, Fleisch, Gemüse, Krusten- oder Schaltieren zubereitet wird.

SALATE

Salate sind reich an Vitaminen, Mineral- und Ballaststoffen. Wichtige Inhaltsstoffe, die unser Körper täglich braucht, sind zum großen Teil in den Salaten vorhanden. Rohkostsalate sind ideal für Schlankheits- und Gesundheitsbewußte. Für eine gewisse Kalorienzufuhr sorgt die Sauce, da sie meist mit Öl oder Sahne vollendet wird. Man sollte Salatsaucen immer mit einem Schuß Öl oder Fett (Vollmilchjoghurt) zubereiten, damit auch die fettlöslichen Vitamine vom Körper aufgenommen werden können. Außerdem besitzen Öle neben essentiellen Fettsäuren auch wichtige Geschmacksstoffe.
Heute stellt sich aber auch die Frage, ob Salate wirklich noch uneingeschränkt gesund sind. Was hat es mit den Nitraten und dem Bleigehalt auf sich?
Freilandsalate enthalten im Gegensatz zu Treibhaussalaten (mit einigen Ausnahmen wie z. B. Gartenkresse oder Feldsalat) nur geringe Mengen an Nitraten. Nur ein kleiner Teil (etwa 8 %) der Nitrate wandeln sich in schädliche Nitrite um. Blei lagert sich zu einem großen Teil auf den Blättern ab und läßt sich zu einem großen Teil regelrecht »abwaschen«.
Salate können durch Zugabe von Kräutern, Zwiebeln, Schalotten und Knoblauch, den verschiedensten Essig- und Ölsorten, Sahne oder Joghurt im Geschmack abgerundet werden.
Man sollte immer darauf achten, daß die Salate stets frisch und knackig sind.
Salate lassen sich sehr gut auch mit anderen Nahrungsmitteln kombinieren. Wird Gemüse für einen Salat gekocht, wenig Wasser verwenden und die Kochzeit so kurz wie möglich halten.

Bataviasalat, ein Verwandter des Eissalats, schmeckt ähnlich wie dieser. Es gibt ihn in hellgrüner bis dunkelgrüner Färbung mit rotgeränderten, welligen Blättern. In Deutschland wird vorwiegend die dunkelgrüne Sorte angeboten. Er ist knackig, zart und das Herzteil ist besser ausgebildet als beim Eissalat. Dieser Salat bringt Farbe in die Salatschüssel und eignet sich als Garnitur für kalte Platten. Achten Sie beim Einkauf darauf, daß der Bataviasalat ein geschlossenes Herz hat und die Außenblätter nicht verwelkt sind. Er kann im Folienbeutel – wie übrigens alle anderen Salate auch – einige Tage im Gemüsefach des Kühlschrankes gelagert werden.

Brunnenkresse wächst wild in kalten, klaren, fließenden Bächen, die im Winter nicht zufrieren, wird aber auch gezüchtet. Der Geschmack der Brunnenkresse ist scharf und erinnert an Meerrettich. Sie wird grundsätzlich frisch verarbeitet und dient feingehackt zum Würzen von Salatsaucen oder ganz als Bestandteil von gemischten Salaten. Brunnenkresse wird zu Grillgerichten, kalten Speisen und Möweneiern serviert oder zu Buttermischungen verarbeitet. Mit ihr können auch Suppen und Saucen aromatisiert werden, sie darf aber nicht kochen. Brunnenkresse sollte man in wenig kaltem Wasser stehend im Kühlschrank aufbewahren.

Chicorée wird abgeschirmt vom Tageslicht gezüchtet. Dadurch bleiben die leicht gelb geränderten Blätter weiß. Wird er dem Licht ausgesetzt, färben sich die Blätter hellgrün. Chicorée schmeckt etwas bitter und eignet sich als Salat und Gemüse. Es sollte nur geschlossener, heller Chicorée gekauft werden. Chicorée kann 4–5 Tage, in feuchtes Papier gewickelt, im Gemüsefach lagern.

Chinakohl ist auch unter dem Namen Peking- oder Japankohl im Angebot. Es ist ein beliebter Wintersalat mit knackigen Blättern, die von zarter Struktur und von breiten Rippen durchzogen sind. Im Gegensatz zu den bekannten Kopfkohlarten besitzt Chinakohl keinen Strunk. Er wird als Salat und als Gemüse zubereitet und in Köpfen von 600 g bis 1,0 kg angeboten, die sich fest anfassen sollten. Chinakohl kann weiß, hellgelb bis hellgrün sein. Im Gemüsefach des Kühlschrankes bleibt er mindestens 5–6 Tage frisch. Übrigens ist Chinakohl leicht verdaulich und bläht nicht.

Eis- oder Eisbergsalat wird auch als Krachsalat bezeichnet; sein Ursprungsland sind die USA. Dort hat er den weniger transportfähigen Kopfsalat vom Markt verdrängt. Eissalat sieht aus wie ein junger, lockerer Weißkohlkopf. Die äußeren Blätter sind leicht gewellt und grüner als die inneren. Er ist wegen seiner Knackigkeit sehr beliebt und schmeckt ausgezeichnet mit pikanten Salatsaucen und -dressings. Kopf und Blätter sollten sich fest anfühlen. Er kann auch angeschnitten bis zu 5 Tagen im Gemüsefach lagern; es empfiehlt sich dann, die Schnittflächen mit Klarsichtfolie abzudecken.

Eichblattsalat ist im Aussehen den Blättern der Eiche ähnlich. Er ist von dunkelgrüner bis rotbrauner Färbung, sehr dekorativ und schmackhaft. Dieser Salat läßt sich ausgezeichnet mit anderen Salaten kombinieren. Angeboten wird er als Kopf- oder als Schnittsalat. Man sollte ihn nur mit einwandfreien, festen, nicht angefaulten Blättern kaufen. Eichblattsalat sollte sofort nach dem Kauf verbraucht werden. Notfalls kann er über Nacht in einem Folienbeutel oder mit feuchtem Küchenpapier zugedeckt im Gemüsefach aufbewahrt werden.

Endiviensalat wird auch als Winterendivie bezeichnet. Die Ränder der Blätter sind außen gezackt. Die Blätter der Endivie werden während der Wachstumsperiode zusammengebunden, damit die Innenblätter gelb und zart bleiben. Die äußeren Blätter sind grün und fest. Durch den verringerten Lichteinfall entstehen weniger Bitterstoffe. Endiviensalat sollte fest und knackig sein und mit gelbem Herz. Die Blätter werden entweder in Stücke gezupft oder in feine Streifen geschnitten. Gewaschen, trocken geschleudert und mit feuchtem Küchenpapier zugedeckt, kann man sie 2 Tage im Gemüsefach aufbewahren.

Frisèesalat oder krause Endivie besitzt ein gelbes Salatherz und grüne Blätter. Sie sind leicht bitter und werden während der Wachstumszeit zusammengebunden. Die Blätter des Friséesalates müssen fest, die Blattspitzen von frischer grüner Farbe und das Innere gelb sein. Die zarten, gelben Blattspitzen werden von den dickeren Rippen abgezupft. Die Blätter können in einem Klarsichtbeutel im Gemüsefach 1-2Tage aufbewahrt werden; besser ist es jedoch, wenn er sofort verarbeitet wird.

Feld- oder Ackersalat – auch unter dem Namen Rapunzel bekannt – ist eine europäische Wildpflanze, die kultiviert wurde. Die Blätter sind entweder dunkelgrün und klein oder hellgrün und groß und von nußartigem Geschmack. Er ist ein ausgesprochener Wintersalat. Feldsalat von bester Qualität ist dunkelgrün und kleinblättrig ohne lange Wurzeln und gelbe Blätter. In einem Folienbeutel läßt er sich 2–3 Tage im Gemüsefach aufbewahren. Er muß nach dem Putzen sorgfältig gewaschen werden. Feldsalat harmoniert sehr gut mit kräftigen Essigsorten, Nußöl, Zwiebeln, gebratenem Speck- und gerösteten Brotwürfeln. Erst kurz vor dem Servieren sollte man ihn mit der Salatsauce mischen.

Gartenkresse wird schon seit Jahrhunderten kultiviert; sie ist kleinblättrig, von leicht pfeffrigem, kräftigem Geschmack und wirkt appetitanregend. Mit ihr wertet man jeden Salat auf. Sie wird geschnitten oder in Aussaatschalen angeboten. Kresse in der Schale ist der geschnittenen auf jeden Fall vorzuziehen. Feucht gehalten, bleibt diese bis zu 14 Tage am Fenster frisch. Geschnittene Kresse sollte sofort verbraucht werden. Für einen kurzen Zeitraum kann sie auf feuchtem Küchenkrepp zugedeckt im Gemüsefach aufbewahrt werden. Die zarten Kresseblätter vorsichtig waschen und am besten auf einem Tuch abtropfen lassen.

Kopfsalat, der einfache grüne Salat besitzt hellgrüne, grüne oder rotbraune Blätter. Sie sind zart, knackig und aromatisch. Treibhaussalat hat lockere Köpfe von hellerem Grün. Freilandsalat hat straffe Köpfe von dunklerem Grün und ist nicht ganz so zart. Grüner Salat wird entweder geviertelt, oder die Blätter werden in Stücke gezupft. Kopfsalat kann im Gemüsefach, im Folienbeutel, 1–2 Tage aufbewahrt werden. Am besten schmeckt er erntefrisch.

Lollo Rosso stammt aus Italien. Sein Name bezieht sich auf die roten Ränder der Blätter, die zum Strunk hin grün bis hellgrün werden. Lollo Rosso hat krause Blätter, er wird als Kopf- oder als Schnittsalat angeboten. Die Blätter der kleinen Köpfe sind zarter als die der großen. Lollo Rosso kann problemlos 3 Tage im Gemüsefach des Kühlschranks gelagert werden. Die Blätter werden in Stücke gezupft oder in Streifen geschnitten. Er läßt sich ausgezeichnet mit anderen Salaten kombinieren.

Löwenzahn ist eine Wildpflanze, deren junge Triebe sich sehr gut für Salat eignen. Die älteren Blätter sind hart und bitter. Löwenzahn wird auch kultiviert. Die Blätter sind von blaßgelber Farbe. Kultivierter Löwenzahn wird im Herbst und Winter, der wildwachsende im Frühjahr angeboten. Frischer Löwenzahn hat keine angetrockneten Schnittstellen. Bei leichtem Druck tritt eine weißliche Milch aus. Zum Aufbewahren kann er in feuchte Tücher einschlagen oder gewaschen und abgetropft in eine Plastiktüte gefüllt werden. Im Gemüsefach nicht länger als einen Tag aufbewahren.

Schnitt- oder Pflücksalat ist eine Mischung verschiedener Salate, die ohne Wurzeln und meist gewaschen auf den Markt kommen. Es kann sich dabei um Kopf-, Batavia-, Lollo Rosso oder Blattsalat handeln. Diese Salate werden so dicht gesät, daß sie keine Köpfe bilden. Schnittsalat ist schnellwüchsig und von unterschiedlicher Färbung. Er kann gelbe, grüne oder rötliche, gezackte, gelappte, glatte und krause Blätter haben. Der Name Schnitt- oder Pflücksalat bezieht sich auf die Ernteweise. Beim Einkauf darauf achten, daß die Blätter knackig sind und an den Schnittstellen keine rostfarbenen Stellen aufweisen. Schnittsalat ist zum sofortigen Verzehr bestimmt und eignet sich nicht zum Aufbewahren. Es entsteht wenig Abfall und man braucht nicht viel Zeit zum Putzen. Der Salat muß nur gewaschen und gezupft werden.

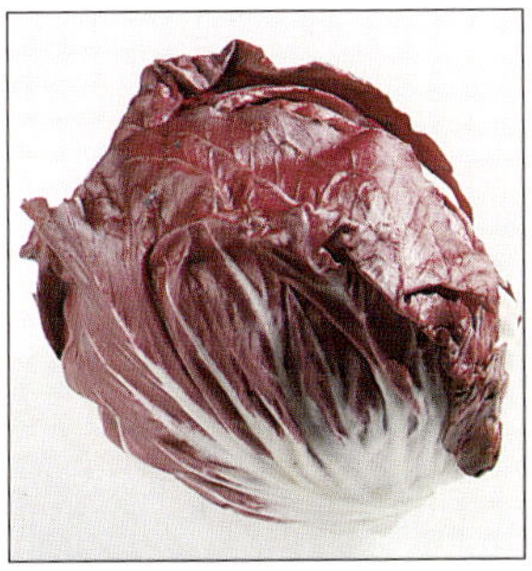

Radicchio Rosso oder Radicchiosalat ist ein reiner Freilandsalat, der hauptsächlich aus Italien und Frankreich importiert wird. Seine Blätter sind erst grün und färben sich in kalten Herbstnächten weinrot. Sie haben weiße Rippen. Radicchio Rosso hat ein herzhaftes, bitteres Aroma. Die Köpfe sollen fest und geschlossen sein. Ein ganzer Kopf Radicchio Rosso, der geputzt, gewaschen und trockengeschleudert ist, hält sich in einer Plastiktüte 1–2 Tage im Gemüsefach des Kühlschrankes frisch. Zarte Wurzeln können geschält und feingerieben der Salatsauce beigefügt werden. Man sollte diesen Salat möglichst in Kombination mit anderen Salaten servieren. Sein leuchtendes Weinrot ist eine Bereicherung für jede Salatplatte.

Römischer Salat ist auch unter dem Namen Lattich oder Kochsalat bekannt. Sein Geschmack ähnelt dem des Kopfsalates, er hat eine langgestreckte Form mit mehr oder weniger festen Köpfen. Die Blattfärbung ist hell- bis kräftiggrün mit Neigung zu rötlicher Randbildung. Er wird nicht nur als Salat, sondern auch als Gemüse verarbeitet. Römischer Salat soll frisch, knackig und geschlossen sein und ein mittelfestes Herz haben. Er kann 2–3 Tage im Gemüsefach gelagert werden. Die Blätter werden abgelöst, entweder in mundgerechte Stücke gezupft oder in Streifen geschnitten. Er eignet sich gut zum Kombinieren mit anderen Salaten.

Paprikaschote. Man unterscheidet Gewürz-, Gemüse- und Tomatenpaprika. Für Salat und Gemüse eignen sich nur die beiden letzteren. Gemüsepaprika gibt es in verschiedenen Formen und Farben. Die Farbe der Schoten wechselt je nach Reifegrad von Grün über Gelb zu Rot. Es gibt auch Früchte, die sofort rot werden und solche, die grün bleiben. Die grünen Schoten sind milder im Geschmack.
Tomatenpaprika hat einen intensiveren Geschmack als Gemüsepaprika.
Paprika gibt es in vielen farblichen Varianten. Die Farbpalette reicht über Wachsfarben, Gelb, Grün, Orange, Rot bis zu Aubergine.
Frische Paprikaschoten sind fest, glänzend und glatt. Einwandfreie Früchte können mehrere Tage im Kühlschrank aufbewahrt werden.

Rettich oder Radi wird in die weißen oder roten Frühlings-, Sommer- und Herbstrettiche unterschieden. Die Schale der Winterrettiche ist violett oder schwarz. Rettiche haben eine Pfahlwurzel, hellgrüne Blätter und einen scharfen Geschmack. Rettich wird immer roh gegessen. Rettiche müssen immer vor ihrer Verarbeitung unter fließendem Wasser sauber gebürstet werden. Dann geschält, in Scheiben geschnitten, fein gehobelt oder geraspelt oder mit einem Spezialrettichmesser zu Spiralen geschnitten. Sie haben einen besonders gesundheitlichen Wert: Sie sind harn- und galletreibend. Beim Einkauf nur pralle, sich fest anfühlende Rettiche mit frischem Kraut kaufen. Im Gemüsefach kann Rettich über 3–4 Tage gelagert werden.

Radieschen, mit dem Rettich verwandt, werden in vielen Sorten angeboten. Sie sind rund, lang oder oval. Die Farbe der Radieschen ist überwiegend kräftig rot. Es gibt aber auch rotweiße und weiße Exemplare. Bei den Radieschen unterscheidet man Treibhaus-, Früh- und Sommerarten.
Radieschen müssen sich fest anfühlen, die Blätter sollen grün und nicht welk sein. Radieschen können zum Aufbewahren mit den Wurzeln in eine Schüssel mit Wasser gestellt werden. So halten sie sich 2–3 Tage im Kühlschrank frisch. Zur Verarbeitung müssen die Wurzeln und die Stiele mit den Blättern bis auf etwa 2 cm entfernt und sorgfältig gewaschen werden. So lassen sich Radieschen am besten in Scheiben hobeln und schneiden.

Die Rote Bete bildet eine runde, plattrunde oder ovale Wurzel aus. Die Blätter dürfen nicht abgeschnitten, sondern nur abgedreht werden, um ein Ausbluten zu vermeiden.

Rote Bete können roh oder gekocht zu Salaten verarbeitet werden. Sie müssen immer in Wasser eingeweicht und dann sauber abgebürstet werden. Sie werden ungeschält gekocht. Zum Schälen empfiehlt es sich, Handschuhe zu tragen oder die Hände mit Essig einzureiben. Gekochte, nicht geschälte Rote Beten können wie die rohen einige Tage im Kühlschrank aufbewahrt werden.

Salatgurken stammen wahrscheinlich aus dem Himalayagebiet. Sie stellen verhältnismäßig hohe Ansprüche an die Temperaturen, weshalb Salatgurken häufig im Gewächshaus gezogen werden. Qualitätsgurken haben eine glatte, straffe, dunkelgrüne Schale und fühlen sich auch an den Enden fest an. Überreife oder bei großer Hitze geerntete Gurken können an den Enden bitter sein. Man erkennt überreife Gurken an Farbaufhellungen. Gurken sind extrem energiearm, aber mineralstoffreich. Sie zählen zu den basenreichsten Gemüsen.

Die Tomate wird auch Paradies- oder Liebesapfel genannt. Sie gehört zu den Nachtschattengewächsen und hat einen angenehm frischen, säuerlichen Geschmack. Tomaten sind ausgesprochen gesund und appetitanregend, denn sie enthalten Mineralstoffe, vor allem Kalium, Spurenelemente und Vitamine. In 100 g Tomate sind 25 mg Vitamin C enthalten, das entspricht mehr als dem Viertel des Tagesbedarfs eines Erwachsenen.
Man unterscheidet zwischen Fleisch- und Suppentomaten. Darüberhinaus sind Tomaten von einer großen Formenvielfalt; so gibt es runde oder kugelförmige, gerippte, flaschenförmige oder ovale. Es gibt auch Kirschtomaten, sowie Tomaten in Grün, Gelb oder Violett; doch vorwiegend sind Tomaten rot. Reife Tomaten sind gleichmäßig dunkelrot gefärbt, ohne grünen Schimmer am Stielansatz und prall, aber nicht weich. An der Pflanze ausgereifte Früchte schmecken am besten.
Überreife, weiche Tomaten eignen sich für Suppen und Saucen. Tomaten können geschält und ungeschält, mit oder ohne Kerne verarbeitet werden. Man kann Tomaten im Gemüsefach des Kühlschrankes aufbewahren, sie dürfen aber keiner großen Kälte ausgesetzt werden. Vorsicht ist beim Verzehr von unreifen, grünen Tomaten geboten. Sie enthalten giftiges Solanin.

TIPS FÜR DIE SALATKÜCHE

Salate sollten immer erntefrisch zubereitet werden. Während der Lagerung verringert sich der Vitamingehalt.
Das Vorbereiten des Salates sollte immer erst in letzter Minute erfolgen. Bei Blattsalaten nur die welken, nicht einwandfreien Blätter entfernen. Radieschen, Rettich und Gurken nur dünn und niemals auf Vorrat schälen.
Das Waschen der Salate sollte schnell und sorgfältig erfolgen. Blattsalate dürfen nicht im Wasser liegen.
Trockenschleudern im Korb oder Trockenschütteln im Tuch von Blattsalaten ist unbedingt erforderlich. Anhaftendes Wasser verwässert die Marinade und beeinträchtigt den Geschmack.
Das Mischen der Blattsalate mit der Sauce erfolgt erst kurz vor dem Servieren.
Zum Schneiden oder Hobeln von Salaten nur scharfe Messer und Geräte verwenden. Die Salate möglichst schnell in die Sauce geben.
Zum Kochen von Gemüsen für Salate sollte möglichst wenig Wasser verwendet werden; auf kurze Garzeiten achten.
Gekochte Salate schmekken lauwarm besser: also kochen, marinieren und gleich essen.
Das Anrichten der Salate sollte mit Liebe geschehen, denn ein schön angerichteter Salat macht Appetit.
Der Saisonkalender ist nur ein Anhaltspunkt; klimatische und witterungsbedingte Einflüsse können zu Verschiebungen führen. Treibhaussalate werden das ganze Jahr angeboten.
Der Winter hält das größte Salatangebot bereit, da es viele ausgesprochene Wintersalate gibt.

SALATBEGLEITER

Salatbegleiter sind Zutaten, aus denen Salatmarinaden und Dressings zubereitet werden und die zur geschmacklichen Abrundung beitragen. Sie bringen mehr Abwechslung und Variationsmöglichkeiten in die Salatküche.

Essig. Gute Sorten (mit 4,5–5% Säuregehalt) sind für Salate geeignet, wenn sie auf Weinbasis hergestellt werden. Man unterscheidet zwischen Obst-, Weißwein- und Rotweinessig. Gute Essigsorten sind Aceto Balsamico, Honig-, Sherry- und Himbeeressig, um nur einige zu nennen. Übergießt man Kräuter, Früchte, Knoblauch oder Schalotten mit Essig, bekommt dieser noch mehr Aroma. Essig ist ein Grundbestandteil der Salatmarinaden.

Zitrone bringt ebenfalls Säure in das Salatdressing. Sie wird meistens in Verbindung mit Sahne verwendet. Nicht alle Salate harmonieren mit der Säure der Zitrone. Gurken-, Kartoffel-, Radieschen-, Rettich- und Tomatensalat sollten lieber mit Essig abgeschmeckt werden. Feine Salatmarinaden mit Zitronensaft würzen.

Salatöle sollten aus der ersten Kaltpressung stammen. Sie enthalten nicht nur viele Vitamine und sind reich an essentiellen Fettsäuren, sondern auch Geschmacksträger und geben einem Salat erst den richtigen Geschmack. Das am meisten verwendete Öl ist wohl Olivenöl. Es gibt aber noch andere wertvolle Sorten wie Distel-, Erdnuß-, Hasel-, Walnuß-, Sonnenblumen-, Kürbis- und Traubenkernöl, um nur einige aufzuzählen. Geschmacksneutrales Salatöl kann auch durch die Zugabe von Kräutern aromatisiert werden.

Zwiebelgewächse wie Knoblauch, Schalotten und Zwiebeln sind aus der Salatküche nicht wegzudenken, wenn sie auch nicht zu jedem Salat passen. Sie dürfen nicht keimen und müssen sich fest anfühlen. Zwiebeln und Schalotten erst kurz vor ihrer Verwendung schälen, fein schneiden oder reiben. Niemals hacken, denn dabei wird der Saft herausgequetscht, und sie können bitter werden. Knoblauch erst im letzten Moment vorbereiten.

Kräuter harmonieren sehr gut mit Salaten. Ein Kraut oder höchstens zwei genügen zur Verfeinerung. Nicht alle Kräuter harmonieren geschmacklich miteinander.

Senf, sparsam verwendet, hat durchaus seine Berechtigung in der Salatküche. Er verbindet Essig und Öl gut miteinander und macht Salatmarinaden pikanter.

Fertigsaucen können auch für Marinaden und Dressings verwendet werden, so z.B. Chili-, Soja- und Tabascosauce oder Tomatenketchup. Fertigsaucen werden vorwiegend für amerikanische Dressings gebraucht.

Gewürze wie Cayennepfeffer, Pfeffer in all seinen Variationen, Wacholder, Kümmel und Koriander bringen mehr Rasse in den Salat.

Ingwer und Chutneys geben Salaten einen orientalischen Hauch.

Meerrettich macht Salate pikanter und rassiger.

Keime und Sprossen sind sehr vitamin- und mineralstoffreich. Sie passen besonders gut zu Wintersalaten.

Eier sind nicht nur Garnitur. Eigelb wird auch zur Zubereitung von Salatsaucen verwendet.

Nüsse passen sehr gut zu Blattsalaten. Hasel-, Para-, Pekan- oder Walnüsse können grob gehackt oder angeröstet über den Salat gestreut werden.

SALATKALENDER

Salatsorte	Jan.	Feb.	Mrz.	Apr.	Mai	Juni	Juli	Aug.	Sept.	Okt.	Nov.	Dez.
Bataviasalat				■	■	■	■	■	■	■		
Brunnenkresse	■	■	■	■	■				■	■	■	■
Chicorée	■	■	■	■						■	■	■
Chinakohl	■	■	■						■	■	■	■
Eichblattsalat	■	■	■	■		■	■		■	■	■	■
Endiviensalat							■	■	■	■	■	■
Eissalat						■	■	■	■			
Feldsalat	■	■	■							■	■	■
Friséesalat	■	■	■							■	■	■
Gartenkresse				■	■	■	■	■	■	■		
Gebleichter Löwenzahn	■	■	■								■	■
Kopfsalat					■	■	■	■	■	■		
Lollo Rosso					■	■	■	■	■	■		
Löwenzahn			■	■								
Paprikaschote							■	■	■	■		
Pflücksalat					■	■	■	■	■	■		
Radicchio Rosso	■	■	■	■	■						■	■
Radieschen			■	■	■	■	■	■	■	■		
Rettich	■			■	■	■	■	■	■	■	■	■
Römischer Salat				■	■	■	■	■	■	■	■	
Rote Bete	■	■	■	■					■	■	■	■
Salatgurke					■	■	■	■	■	■		
Tomate						■	■	■	■	■	■	

Essig und Öl sind Grundlage jeder Salatsauce.

Basilikum

Kerbel

Portulak

Bohnenkraut

Majoran

Salbei

Borretsch

Minze

Schnittlauch

Dill

Oregano

Thymian

Estragon

Pimpinelle

Zitronenmelisse

KRÄUTER

Basilikum ist ein ausgezeichneter Salatbegleiter, vor allem in Verbindung mit Tomaten, Schoten und zarten grünen Bohnen. Es paßt sehr gut zu Melonen, Zitrusfrüchten, Krustentieren, Fisch, Fleisch und Geflügel. Das Basilikumaroma verstärkt sich, wenn es erhitzt wird. Basilikumblätter sollten nicht gehackt, sondern immer in feine Streifen geschnitten werden.
Frisches Basilikum kann in einem verschließbaren Glas im Kühlschrank aufbewahrt und auch in Essig oder Öl eingelegt werden.

Bohnenkraut wird wegen seines scharfen Geschmacks auch als Pfefferkraut bezeichnet. Es paßt nicht nur zu Bohnensalaten, sondern auch zu Gurken und Tomaten. Es entfaltet sein ganzes Aroma erst, wenn es erhitzt wird. Es eignet sich besonders für Bohneneintöpfe und -gemüse und harmoniert sehr gut mit Lammfleisch. Bohnenkraut kann frisch in etwas Wasser stehend im Kühlschrank aufbewahrt werden.

Borretsch oder Gurkenkraut schmeckt am besten im Frühjahr, aber auch später, wenn es blüht, kann es noch gut verwendet werden. Die blauen Blüten sind nicht nur eine ungewöhnliche Dekoration für Salate und Speisen, sie schmecken auch gut. Borretsch sollte man immer frisch und fein geschnitten verwenden. Das typische Salatgewürz harmoniert mit Gurken, Blattsalaten, Paprikaschoten, aber auch mit Suppen und Kräutersaucen. Feucht gehalten, kann er einige Tage im Kühlschrank aufbewahrt werden; eingefroren über mehrere Wochen. Borretsch kann in Öl oder Essig eingelegt werden.

Dill paßt zu frischen oder eingelegten Gurken, aber auch zu vielen Salaten, Gerichten aus Fisch, Krustentieren, Fleisch und Kartoffeln. Die skandinavische Küche ist ohne Dill kaum denkbar. Der Dill hat ein feines, duftendes Aroma, hält sich in Wasser lange frisch und kann in Essig eingelegt oder eingefroren werden; dadurch verstärkt sich sein Aroma noch. Die blühenden Dolden des Dills bieten sich nicht nur als Einlage für Gurken an, sondern sind auch eine attraktive Dekoration.

Estragon ist ein schmackhaftes Kraut, das zu Saucen, Salaten, Krustentieren, Fisch und Fleisch gleich gut paßt. Auch Steinpilze können mit Estragon gewürzt werden. Eingelegt in Essig bereichert er Salat- und Sahnesaucen. Er eignet sich frisch oder tiefgefroren gut zum würzen. Bei gefrorenem Estragon ist das Aroma noch intensiver. Die Blätter eignen sich, in Salzwasser blanchiert und kalt abgeschreckt, gut zur Dekoration kalter und warmer Gerichte.

Kerbel sollte möglichst vor der Blüte verwendet werden. Er harmoniert mit vielen Kräutern, ist nie aufdringlich, sondern fein im Geschmack und paßt zu fast allen Salaten und Salatsaucen, zu Quark, Fisch, Fleisch, Krusten- und Schalentieren, Suppen und Saucen. Kerbel ist dank seiner filigranen Blätter eine willkommene Dekoration. Zum Einfrieren und Trocknen ist er nur mäßig geeignet, das Aroma kommt nur bei frischem Kerbel voll zur Geltung.

Majoran hat eine starke Würzkraft, am ausgeprägtesten ist sein duftendsüßes Aroma während der Blütezeit. Lange Zeit wurde er vorwiegend zur Wurstherstellung verwendet. Mittlerweile schätzt man seine Vielseitigkeit. Vor allem zu Salaten, die mit Ziegenkäse kombiniert werden, aber auch zu Pasteten, Terrinen, Fleisch und Fischgerichten schmeckt Majoran gut. Nicht nur frisch entfaltet er sein Aroma, auch getrocknet ist er ein angenehm würziges Kraut, verträgt sich aber nicht mit Thymian.

Minze hat einen kräftigen, frischen Geschmack, erst wärmend, dann kühlend. Was der Dill in Skandinavien ist, ist die Minze in England. Sie paßt gut zu Salaten und Süßspeisen und ist ein beliebtes Dekor in der neuen Küche. Sie kann auch gefroren verarbeitet werden.

Oregano, der wilde Majoran, ist ein klassisches italienisches Gewürz, das auf keiner Pizza oder Minestrone fehlen darf. Er ist pikanter, pfeffriger und schärfer im Geschmack als Majoran und sollte genauso sparsam verwendet werden. Oregano macht fette Speisen bekömmlicher und paßt gut zu Tomaten- und Muschelsalaten. Das Kraut kommt frisch und getrocknet auf den Markt.

Pimpinelle ist ein anspruchsloses Kraut und fast so vielseitig wie Petersilie. Sie sollte möglichst frisch und feingehackt verwendet werden. Wird Pimpinelle gekocht, verliert sich ihr frischer, leicht gurkenähnlicher Geschmack, der sich für Gerichte aus Quark, für Fisch, Eier, Gemüse und Salate anbietet. Pimpinelle sollte nicht getrocknet, kann aber eingefroren, in Essig oder in Öl eingelegt werden.

Portulak schmeckt ähnlich wie Brunnenkresse. Er ist nicht nur Würzkraut, aus ihm können auch Salate zubereitet werden. Portulak sollte nach dem Blühen nicht mehr verwendet werden. Portulak paßt gut zu Blatt-, Gurken- und Tomatensalaten, aber auch zu Saucen und Suppen. Im Gemüsefach hält er 3–5 Tage.

Salbei besitzt würzige, leicht bitter schmeckende Blätter, die sparsam verwendet werden sollten. Salbei paßt zu Quark, Tomaten- und Fischsalaten, aber auch zu frischem Aal, Geflügel, Schlachtfleisch und Innereien.

Schnittlauch gehört zur großen Familie der Lauch-, Knoblauch- und Zwiebelgewächse. Für alle Gerichte, die mit Zwiebeln zubereitet werden, ist Schnittlauch eine willkommene Ergänzung. Schnittlauch nur feingeschnitten und roh verwenden, nicht mitkochen. Er harmoniert mit Salaten, Eier-, Fleisch- und Quarkspeisen.

Thymian ist aromatischer als Majoran. Viele Speisen bekommen durch ihn einen südländischen – vor allem provencalischen – Anstrich. Thymian paßt ausgezeichnet zu Salaten, deren Hauptbestandteil Tomaten, Schafs- oder Ziegenkäse ist. Er ist eine ideale Ergänzung zu Rotweinsaucen und Rotweinessig. Thymian kann frisch, gefroren und getrocknet verarbeitet werden. Man kann ihn in Essig oder Öl einlegen.

Zitronenmelisse paßt zu Gerichten, die mit Zitrone gewürzt werden: Salaten, Fisch- und Fleischgerichten, Suppen und Saucen, aber auch zu Süßspeisen von der Creme bis zum Sorbet. Sie ist wegen ihres Geschmacks und dekorativen Effekts beliebt.
Dieses Kraut wurde 1988 zur Arzneipflanze des Jahres gewählt.

KRÄUTER RICHTIG VERARBEITEN

Hacken. Die frischen Kräuter waschen, trockenschleudern oder auf einem Tuch sorgfältig trockentupfen. Mit einem Wiegemesser fein hacken. Das Brett, auf dem die Kräuter gehackt werden, mit Wasser benetzen, damit der Kräutersaft von den Holzfasern nicht aufgesaugt wird. Die Kräuter nach dem Hacken niemals ausdrücken und nur die sofort benötigte Kräutermenge hacken.

Einfrieren. Die Kräuter waschen und sorgfältig trockentupfen. Auf einem feuchten Brett mit einem scharfem Messer hacken. Portionsweise in kleine, gut verschließbare Plastikbehälter geben und sofort einfrieren. Petersilie sollte nur gezupft und auf einem Blech gefroren werden, dann in Plastikbeutel verpacken und zubinden. Das Beschriften der Behälter und Beutel nicht vergessen!

Trocknen. Die vorbereiteten Kräuter in einem luftigen, staubfreien Raum aufhängen. Sie dürfen nicht der Sonne ausgesetzt werden. Oft lohnt sich der Aufwand des Trocknens nicht, da getrocknete Kräuter in guter Qualität angeboten werden. Die getrockneten Kräuter nach Bedarf zwischen den Handflächen zerreiben und dann zum Gericht geben.

Der richtige Umgang mit Kräutern will gelernt sein. Viele Kräuter verderben häufig den Salat. Gut harmonieren Estragon, Kerbel, Petersilie und Schnittlauch. Schlecht harmonieren z.B. Kerbel und Kresse, Majoran und Thymian, Oregano und Thymian, hier übertönt der intensive den zarteren Kräutergeschmack.
Man sollte sich auf eine, höchstens zwei Kräuterarten beschränken.

SALATE UND KRÄUTER RICHTIG KOMBINIEREN

Bataviasalat: Basilikum, Estragon, Kerbel, Knoblauch, Petersilie
Brunnenkresse: kann selbst als Kraut für Batavia-, Kopf- oder Pflücksalat verwendet werden
Chicorée: Liebstöckel, Kerbel, Petersilie
Chinakohl: Knoblauch, Petersilie, Schalotten, Schnittlauch, Zwiebel
Eissalat: Kerbel, Petersilie, Zwiebel
Eichblattsalat: Knoblauch, Petersilie, Schalotten
Endiviensalat: Knoblauch, Petersilie, Schnittlauch, Zwiebel
Eskariol: Knoblauch, Petersilie, Schnittlauch, Zwiebel
Feldsalat: Knoblauch, Schnittlauch, Zwiebel
Friséesalat: Knoblauch, Petersilie, Schalotten, Schnittlauch
Gartenkresse: als Kraut bei Blattsalat benutzen
Kopfsalat: Basilikum, Dill, Estragon, Kerbel, Petersilie, Pimpinelle
Lollo Rosso: Knoblauch, Zwiebel
Löwenzahn: Kerbel, Knoblauch, Zwiebel
Gebleichter Löwenzahn: Kerbel, Knoblauch, Schalotten
Paprikaschote: Zwiebel
Pflücksalat: Basilikum, Estragon, Kerbel, Petersilie, Pimpinelle, Schnittlauch
Radicchio Rosso: Basilikum, Knoblauch, Zwiebel, Senf
Radieschen: Petersilie, Schnittlauch
Rettich: Petersilie, Schnittlauch
Römischer Salat: Basilikum, Knoblauch, Oregano, Zwiebel
Rote Bete: Kümmel, Zwiebel
Salatgurke: Borretsch, Dill, Portulak
Tomate: Basilikum, Estragon, Knoblauch, Oregano, Zwiebel

DAS KRÄUTER-ANGEBOT

Jede engagierte Hobbyköchin, jeder Hobbykoch, die etwas auf sich halten, ziehen ihre Lieblingskräuter selbst: vom Frühjahr bis zum Herbst in Balkonkästen, Blumentöpfen oder -kübeln auf der Fensterbank oder dem Balkon, im Winter hinter dem Fenster. So hat man seine Kräuter immer zur Hand. Und trotzdem gibt es Unterschiede zwischen Glas- und Freilandkulturen, letztere sind in Farbe und Geschmack kräftiger, reicher an Vitaminen und Mineralstoffen. Die Kräuter werden in Bündeln oder Töpfen angeboten, sie sollten frisch und knackig aussehen und nicht schlapp herunterhängen.

KRÄUTERKALENDER

Kräuterart	Jan.	Feb.	Mrz.	Apr.	Mai	Juni	Juli	Aug.	Sept.	Okt.	Nov.	Dez.
Basilikum						■	■	■	■			
Bohnenkraut						■	■	■	■	■		
Borretsch					■	■	■	■	■			
Dill					■	■	■	■	■	■		
Estragon			½	■	■	■	■	■	■	■		
Kerbel						■	■	■	■			
Liebstöckel							■	■	■	■		
Majoran						■	■	■	■			
Minze						■	■	■	½			
Oregano						½	■	■	■			
Petersilie	■	■	■	■	■	■	■	■	■	■	■	■
Pimpinelle						■	■	■	■			
Portulak						■	■	■	■			
Salbei					½	■	■	■	■			
Schnittlauch						■	■	■	■	■		
Thymian					■	■	■	■	■			
Zitronenmelisse				■	■	■	■	■	■	■		

ZWIEBEL-GEWÄCHSE

Die Zwiebel besitzt ein einmaliges Aroma, das durch nichts ersetzt werden kann. Man unterscheidet Haushalts-, rote und Gemüsezwiebeln. Die würzigen, scharfen Haushaltszwiebeln werden am häufigsten verwendet. Rote und Gemüsezwiebeln bieten sich für Salate und Gemüsegerichte an. Rote Zwiebeln passen zu Matjes- und Heringssalaten. Gemüsezwiebeln werden meistens gefüllt.

Die Schalotte ist eine kleine Zwiebelart; ihre Färbung reicht von Weiß über Grau bis zu rötlichen Tönen. Die Häute sind entweder bräunlich oder rötlich gefärbt. Zu feinen Salaten passen Schalotten. Man kann die Schalottenzwiebeln mit etwas Wein oder Weinessig im Mixer feinpürieren, den Saft auspressen und in einer gut verschließbaren Flasche kühl aufbewahren. Der Schalottensaft kann anstelle von Schalottenwürfeln zum Würzen verwendet werden.

Knoblauch gibt vielen Gerichten erst das volle Aroma. Eine gute Knoblauchzwiebel soll sich aus festen, nicht geschrumpften Zehen zusammensetzen. Die Häutchen zwischen den Zehen sind weiß, grau oder rosa je nach Sorte. Er paßt zu Salaten, die mit Tomaten oder mit Schnittlauch zubereitet werden. Knoblauch ist vielfältig verwendbar, sticht bei richtiger Anwendung den Eigengeschmack der Hauptzutaten nicht aus und ist dabei noch sehr gesund.

GRATINIERTE
KRÄUTERTOMATEN *(REZEPT S. 113)*

	GETREIDE						HÜLSENFRÜCHTE			

Sorte	**Gerste**	**Hafer**	**Hirse**	**Reis**	**Roggen**	**Weizen**	**Adukibohnen**	**Erbsen**	**Kichererbsen**	**Linse**
Einweichzeit (h)	8–12	ca. 4	8–12				ca. 12			6–12
Spülvorgänge pro Tag	2	1	2				2–3	3–4		
Keimdauer (Tage)	3–5		2–4		2–3		4–5	2–3		
Länge des Keimes	Kornlänge						1–1,5 cm	maximal 1 cm		2 cm
beste Methode	alle Geräte						Glas oder Keimbo			
Geschmack	süßlich		neutral		würzig nussig	süßlich	knackig nussig	ähnlich wie frische Erbsen		leicht sü bis nuss
Besonderheiten	spelzenfreie Sorten verwenden		lieben höhere Temperaturen					mindestens 5 Min. dünsten		

KEIME UND SPROSSEN

In Saaten, Hülsenfrüchten und Körnern geht während des Keimvorgangs eine große Veränderung vor sich. So vermehren sich beispielsweise die Vitamine um ein Vielfaches. Auch die in den Samen enthaltenen Kohlenhydrate und das Eiweiß werden so umgewandelt, daß sie für den Menschen leichter verwertbar sind. Ebenso erhöht sich der Anteil einiger Mineralstoffe (Kalzium, Natrium, Zink und Mangan) zum Teil wesentlich. Zudem wirkt sich der hohe Gehalt der Sprossen an mehrfach ungesättigten Fettsäuren positiv aus.
Die Anzucht von Sprossen im Haushalt hat in den letzten Jahren einen großen Aufschwung genommen. Längst sind sie ein wichtiger Bestandteil der Vollwerternährung. Gerade in den Wintermonaten helfen sie, den Bedarf an Vitaminen und Mineralstoffen zu decken. Keime und Sprossen sind einfach selber zu ziehen, wenn man einige Regeln beachtet. So muß Temperatur und Feuchtigkeit stimmen. Während des Keimprozesses müssen die keimenden Samen gewaschen und mit frischem Wasser übergossen werden, damit sich keine unerwünschten Schimmelpilze entwickeln. Falls dennoch einmal Schimmel entsteht, erkennt man das am modrigen Geruch. Die Keime sofort wegwerfen! Die Keimzeiten liegen zwischen 2 bis 7 Tagen.
Die Sprossen von einigen Hülsenfrüchten (Sojabohnen, Bohnen, Erbsen und Kichererbsen) sollten vor dem Verzehr 5–10 Minuten blanchiert werden. Sie enthalten sogenannte Hämaglutinine. Diese natürlichen Inhaltsstoffe bewirken ein Zusammenballen der roten Blutkörperchen, was Krankheiten auslösen kann.
Sprossen und Keime sind ideal in Verbindung mit Früchten, Müslis, Salaten, kalten und warmen Saucen sowie Quarkgerichten. Sie sind für viele ein Motor am Morgen und der richtige Einstieg in eine gesunde Ernährung.

		PIKANTE SPROSSEN				SONSTIGE SPROSSEN					
ngo- nen	**gelbe Soja- bohnen**	Alfalfa	Kresse	Rettich	Senf	Bocks- hornklee	Buch- weizen	Kürbis- kerne	Lein- samen	Sesam	Sonnen- blumen kerne
ca. 12		0–4				0–2	12–18	–	4–6	6–12	
2–3	3–4	1				1–2	1	3	1	1–2	2
3–4		5–7	5–6	ca. 2 oder 5–6		2	2–3	ca. 3		ca. 2	
-4 cm	ca. 1,5 cm	mehrere cm mit 2 grünen Blättchen		ca. 2 mm bzw. mehrere cm		1–2 mm	Kornlänge	ca. 5 mm	Kornlänge	2 mm	Kornlänge
		Keim- apparat	Papier/ Watte	Keimapparat		alle Geräte		Box oder Glas	alle Geräte		Box oder Glas
ackig isch	ähnlich Erbsen	knackig frisch	pikant herb	scharf	pikant	würzig eigen- willig	neutral	wie Kürbis- kerne	nussig		wie Sonnen- blumen- kerne
	mind. 5 Min. dünsten	sparsam dosieren	schleim- bildend	Faser- wurzeln	leicht schleim- bildend		schwierig		schleim- bildend	schwierig, dunkel ankeimen lassen	

Sprossen selber ziehen
Aus getreidekörnern, Hülsenfrüchten und anderen Samen können Keime und Sprossen selber gezogen werden. Wichtig dabei ist, einige Grundregeln einzuhalten: Einweichzeit, die Anzahl der Spülvorgänge (damit sich keine unerwünschten Keime bilden), die Temperatur generell sollte sie zwischen 18° und 22°C liegen) und die Keimdauer. An der Keimlänge erkennt man den Keimzustand. In der Tabelle finden Sie Angaben zu den einzelnen Samen.

1. Eingeweichte Körner, Hülsenfrüchte oder Samen kann man in einem Einmachglas keimen lassen. Das Glas muß mit einem luftdurchlässigen Material abgedeckt sein.

2. Regelmäßiges, zum Teil mehrfaches Abspülen am Tag ist wichtig.
Das Wasser durch den »Deckel« abgießen, damit die gekeimten Körner nicht herausfallen.

3. Ganz deutlich erkennt man nach mehreren Tagen den »Keimerfolg«.

EIN FLEISCHGELEE HERSTELLEN

FLEISCHGELEE
100 g Gemüse (Sellerie, Karotte)
125 g Klärfleisch (fettfreie Rinderwade)
10 zerdrückte weiße Pfefferkörner
1 kleine zerquetschte Knoblauchzehe
2 Eiweiß
¾ l Rinder- oder Geflügelbrühe
0,15 l Wein (Weißwein, Madeira oder Sherry)
20 g gemahlene Gelatine
75 cl Wasser zum Quellen
Salz

1. Das geputzte, gewaschene, kleingeschnittene Gemüse mit dem Klärfleisch, den 10 zerdrückten weißen Pfefferkörnern, dem Knoblauch und dem Eiweiß in einen passenden Topf geben. 3–4 Eßlöffel Wasser hinzufügen und alles zu einer kompakten Masse zusammenarbeiten.

2. Die Brühe auf die Gemüse-Fleisch-Masse gießen.

3. Unter ständigem Rühren zum Kochen bringen.

4. Bei schwacher Hitze halb zugedeckt mindestens 30 Minuten ziehen lassen.

5. Die Gelatine mehrere Minuten in kaltem Wasser quellen lassen.

6. Die geklärte, heiße Flüssigkeit mit Salz abschmecken und auf die gequollene Gelatine passieren (Kaffeefilter oder Passiertuch), gut verrühren.

EINEN PASTETENTEIG ZUBEREITEN

PASTETENTEIG
400 g Weizenmehl
175 g Butter oder Schweineschmalz
1 TL Salz
1 Ei
4–6 EL kaltes Wasser

1. Das Mehl auf eine glatte Fläche sieben. Die eiskalte Butter in Flocken darübergeben.

2. Das Salz zugeben und alles zu Streuseln zusammenreiben.

3. Die Streusel ringförmig aufhäufen und das Ei in die Mitte geben.

4. Das kalte Wasser löffelweise zugeben. Von der Mitte aus das Ei und das Wasser mit dem Butter-Mehl-Gemisch schnell zusammenkneten.

5. Den Teig zu einer Kugel formen und in Klarsichtfolie einschlagen. Etwa 1 Stunde im Kühlschrank ruhen lassen.

1.

3.

2.

4.

5.

EINE KLASSISCHE PASTETENFARCE UND PASTETEN-EINLAGE ZUBEREITEN

HASENPASTETE MIT HASELNÜSSEN
Für eine Pastetenform von 1,5 Liter Inhalt

FARCE
- 550 g Hasenfleisch (ohne Knochen)
- 200 g Schweinesattel (ohne Knochen)
- 250 g fetter, frischer Speck
- schwarzer Pfeffer
- Pastetensalzmischung
- 6 zerdrückte Wacholderbeeren
- Schale von ½ Orange und ½ Zitrone (unbehandelt)

EINLAGE
- 450 g Hasenrückenfilet
- 100 g Pökelrinderzunge, gekocht
- 100 g gekochter Schinken
- Salz
- weißer Pfeffer aus der Mühle
- 1 TL Butterschmalz
- 1 TL Butter
- ½ EL Schalottenwürfel
- 6 zerdrückte Wacholderbeeren
- 1 TL abgeriebene Orangen- und Zitronenschale
- 4 cl Wacholderbranntwein
- 0,1 l Wildjus (vom Hasen)
- 150 g geschälte Haselnüsse

Für die Farce:
1. Das gutgekühlte Fleisch und den Speck in Streifen schneiden.

2. Die Streifen mit Pfeffer, Pastetensalz und Wacholderbeeren würzen.

3. Die Orangen- und Zitronenschalen über das Fleisch reiben.

4. Das Hasenfleisch und den Schweinesattel zweimal durch die feinste Scheibe des Fleischwolfes drehen, den Speck einmal.

5. Den Speck auf Eis in kleinsten Mengen sorgfältig unter die Farce mischen.

6. Die Farce durch ein feines Holzrahmensieb streichen.

7. Für die Einlage:
Das Filet passend für die Form zuschneiden.

8. Das Hasenfilet salzen und pfeffern. Im Butterschmalz von allen Seiten schnell goldbraun anbraten und dann aus der Pfanne nehmen.

9. Das Butterschmalz aus der Pfanne gießen. Die Butter darin erhitzen, die Schalottenwürfel zufügen und glasig braten. Die Würzzutaten zugießen und mit dem Alkohol mehrmals ablöschen.

10. Das Jus in die Pfanne geben, sirupartig einkochen und durch ein feines Sieb über die Filets passieren. Beiseitestellen und abkühlen lassen.

11. Die in Würfel geschnittene Einlage und die Haselnüsse unter die zubereitete Farce arbeiten.

EINE PASTETENFORM MIT TEIG AUSLEGEN

12. Den Teig rechteckig 4–5 mm dick ausrollen.

13. Die Pastetenform auf den ausgerollten Pasteteig drücken und mit dem Teigrädchen den überstehenden Teig entlang der Form vorsichtig abschneiden.

14. Den Teig mit wenig Mehl bestäuben und dreimal übereinanderlegen, so daß er so breit wie der Boden der Form ist. In die Form legen und so auseinanderklappen, daß die Teigkanten über den Formenrand hängen.

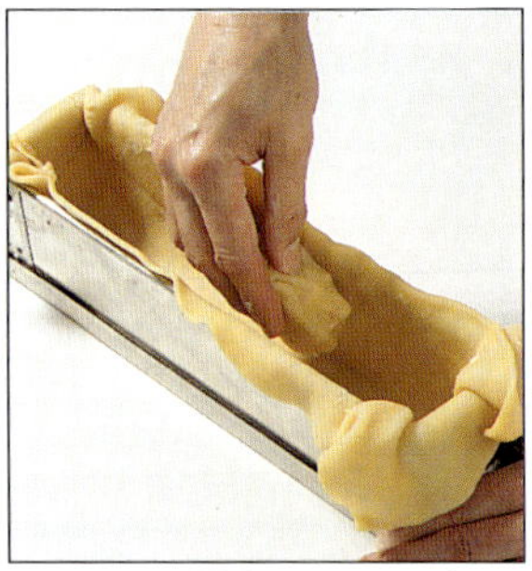

15. Einen Teigrest zu einer Kugel formen, diesen bemehlen und damit den Teig fest an die Wände der Pastetenform drücken, damit der Teig überall gleichmäßig aufliegt.

16. Damit der Pastetenteig an allen Stellen gleichmäßig backt, den Teig in den Ecken mit dem Daumen soweit herausdrücken, bis er überall die gleiche Stärke hat.

17. Die Teigränder soweit abschneiden, daß sie etwa 1 cm über den Formenrand reichen.

EINE PASTETE FÜLLEN

18. Zunächst einen Teil der Farce in die Pastetenform lückenlos einfüllen.

19. Die gebratenen Hasenfilets so in die Form legen, daß zwischen ihnen und dem Teig Farce ist. Den Fond darüber verteilen und mit der restlichen Farce zustreichen.

20. Die Pastetenform mehrmals kräftig auf ein feuchtes Tuch stoßen, damit die Luft wirklich vollständig entweicht.

EINE PASTETE VERSCHLIESSEN

21. Die überhängenden Teigränder über die Farce klappen. Die Teigstreifen mit einer Eigelb-Sahne-Mischung bestreichen. Mit einem sehr dünnen Teigstreifen abdecken und mit Ei bepinseln.

22. Den Teigdeckel auflegen und gut andrücken.

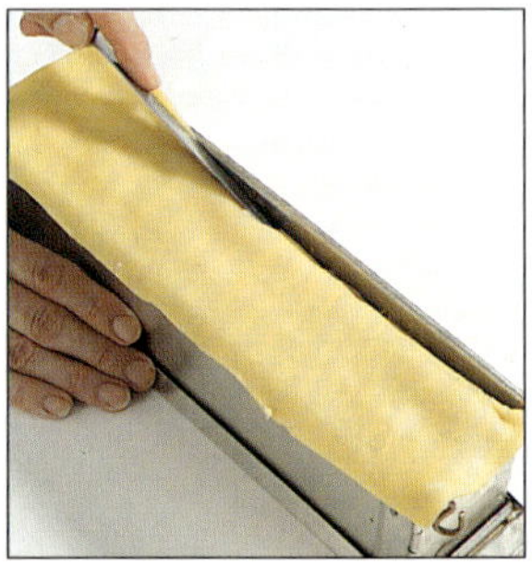

23. Mit einer kleinen Palette die überstehenden Deckelränder an den Teigmantel drücken.

24. Die mit Teig vollständig abgedeckte und verschlossene Pastete zum Schluß mit einem Messerrücken glatt streichen.

25. Öffnungen für Kamine ausstechen. Ränder mit Ei bestreichen und mit Teigringen versehen.

26. In die Teigöffnungen Kamine aus Alufolie setzen.

27. Durch die Kaminöffnungen das kalte Gelee langsam einfüllen.

EINE TERRINE HERSTELLEN

Terrinen sind eigentlich Pasteten ohne Teig, die im Wasserbad gekocht werden und anschließend erstarren. Die folgende Lachsterrine bildet eine feine Vorspeise für ein festliches Menü.

LACHSTERRINE
Für 1 Terrine von 0,5 Liter Inhalt

EINLAGE
250 g Pfifferlinge
1 TL Butter
Salz
weißer Pfeffer aus der Mühle
1 EL Schnittlauchröllchen

FARCE
200 g Lachsfleisch
Salz
weißer Pfeffer aus der Mühle
½ Eiweiß
200 g Sahne, angefroren
Außerdem
8–10 Porreeblätter
Salz

1. Für die Einlage die geputzten, gewaschenen und gutabgetropften Pfifferlinge würzen. In der Butter kurz anbraten und die Flüssigkeit einkochen lassen. Zum Abkühlen beiseite stellen.

2. Für die Farce das gut gekühlte Lachsfleisch in kleine Stücke schneiden. Die Fischstückchen mit Salz und Pfeffer würzen.

3. Das Lachsfleisch im Mixer fein zerkleinern oder mit dem Messer hacken. Dann das Eiweiß hinzufügen.

4. Nach und nach löffelweise die angefrorene Sahne untermischen.

5. Die Farce durch ein feines Holzrahmensieb streichen.

6. Den Porree in kochendem Salzwasser blanchieren und abschrecken. Auf Küchenpapier sorgfältig abtropfen lassen.

7. Eine hitzebeständige Klarsichtfolie über eine Schablone ausbreiten, die dem Boden der Form entspricht. Dünn mit einer Schicht Lachsfarce bestreichen und mit den Lauchblättern auslegen.

8. Die Einlage unter die übrige Lachsfarce mischen und diese als Längsstreifen auf den Porreeblättern aufhäufen.
(Fortsetzung Seite 24)

9. Mit der Folie in die Form heben und die überhängenden Teile über die Farce klappen.

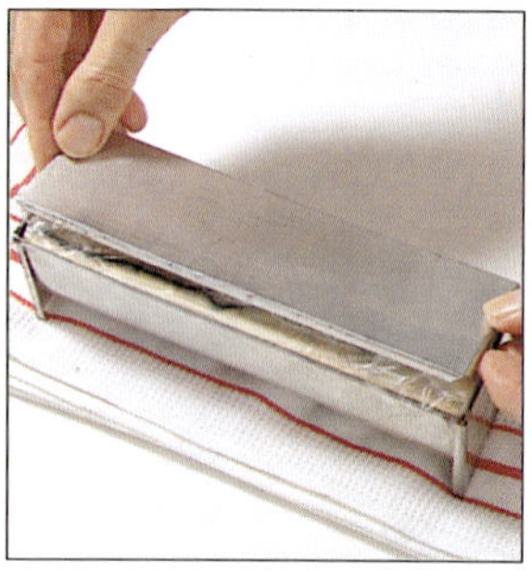

10. Die Form so auf ein feuchtes Tuch stoßen, daß keine Luftlöcher mehr in der Farce zurückbleiben. Mit dem Deckel verschließen.

11. Die rohe Lachspastete im Wasserbad im vorgeheizten Ofen bei 120°C in 30 Minuten garen.

EINE GALANTINE ZUBEREITEN

GALANTINE
1 Masthuhn (Poularde) oder
1 Ente (1,2–1,4 kg)
Salz
weißer Pfeffer aus
der Mühle

FARCE
150 g Geflügelfleisch
100 g Schweinesattel
250 g fetter, frischer Speck
Salz,
weißer Pfeffer
aus der Mühle
Salbei

EINLAGE
50 g Pistazien
50 g Pökelrinderzunge
100 g helle Leber von
Suppenhühnern
Salz
weißer Pfeffer aus
der Mühle
2 cl Weinbrand
2 cl Portwein

Die Farce genauso wie eine Pastetenfüllung zubereiten. Für die Einlage die Pistazien halbieren, die Pökelzunge in Würfel schneiden. Die Leber säubern und in Stücke schneiden. Würzen, mit dem Alkohol beträufeln und mit Klarsichtfolie abdecken. 1 Stunde im Kühlschrank marinieren lassen.

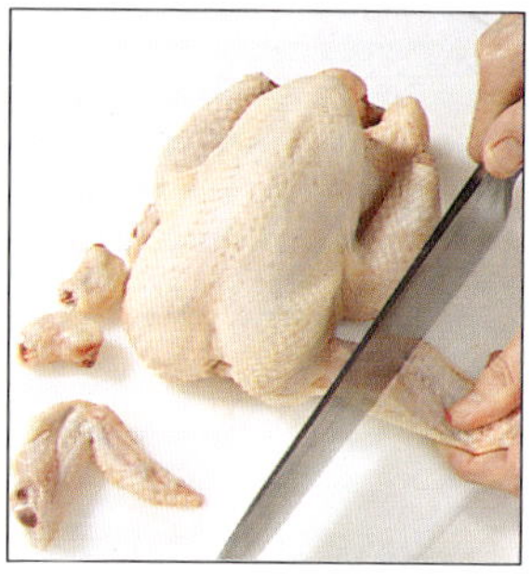

1. Die Flügel im Oberarmgelenk und die Unterschenkelgelenke abtrennen.

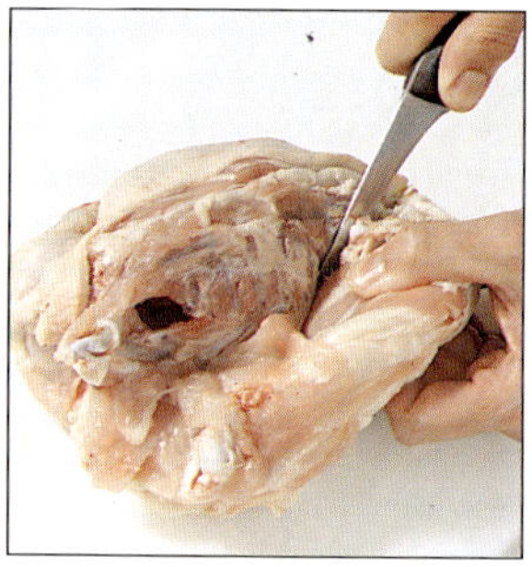

2. Das Geflügel vom Rükken her aufschneiden. Die Keule aus dem Beckenknochen lösen.

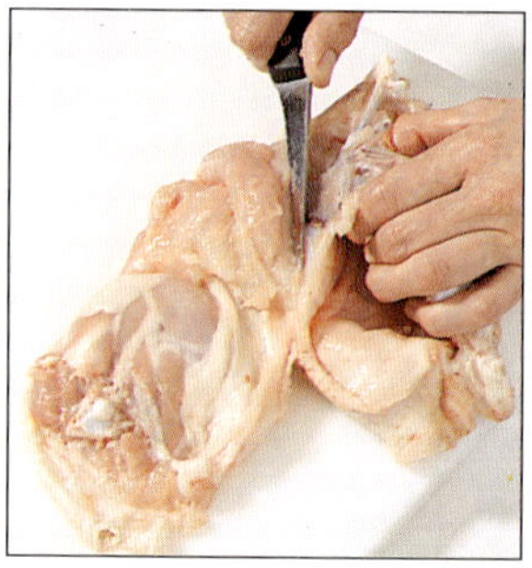

3. Das Fleisch rechts und links bis zum Brustbein vom Knochengerüst herunterschneiden.

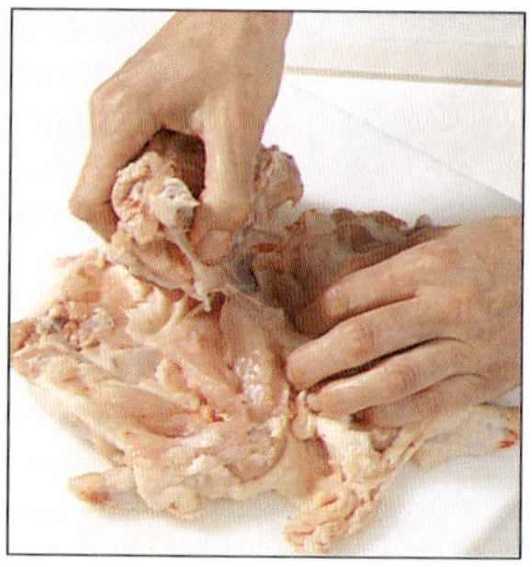

4. Knochengerüst und Brustbein mit den Händen vom Fleisch abziehen.

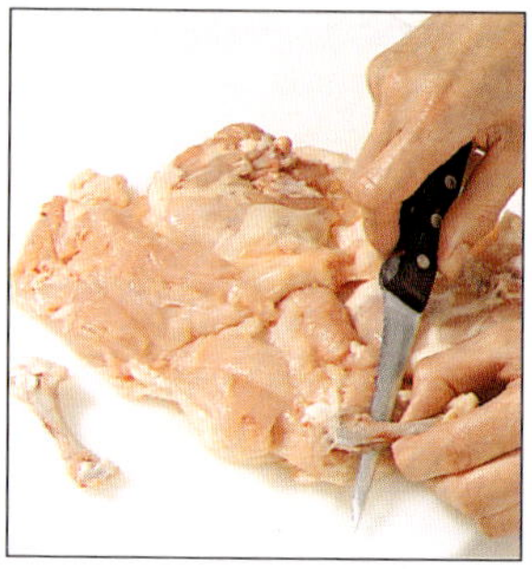

5. Das Fleisch und die Haut der Flügelknochen durchtrennen und diese entfernen.

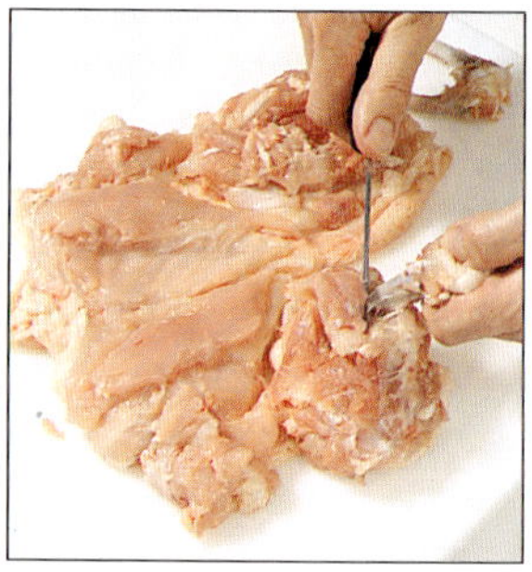

6. Oberschenkelknochen entfernen. Unterschenkelknochen hohl auslösen, Fleisch nach innen ziehen.

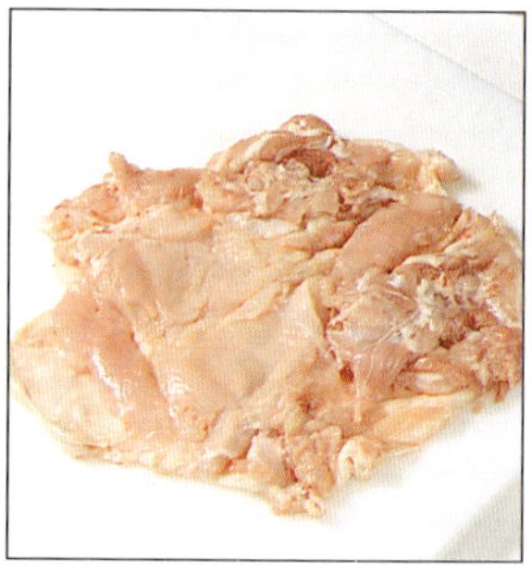

7. Das Fleisch auseinanderziehen und so verteilen, daß alle freien Hautstellen bedeckt sind.

8. Galantine innen salzen und pfeffern. Farce als Streifen darauf verteilen.

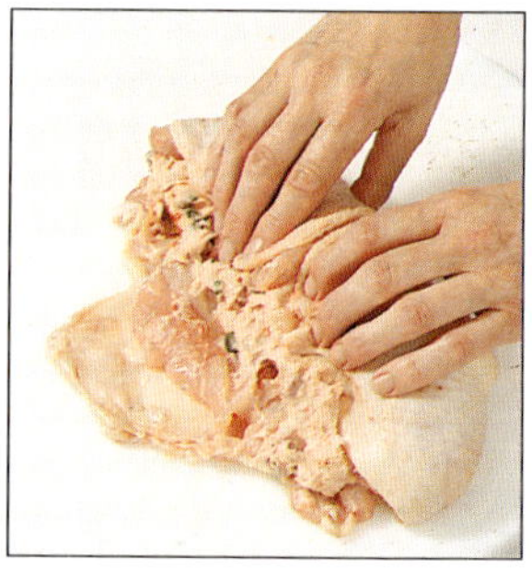

9. Nun das Fleisch mit der oben zubereiteten marinierten Füllung vom Bürzel zum Hals hin aufrollen.

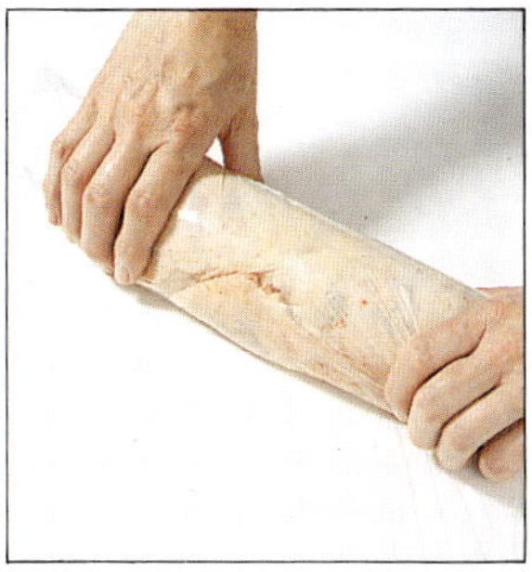

10. Straff in Klarsichtfolie einwickeln.

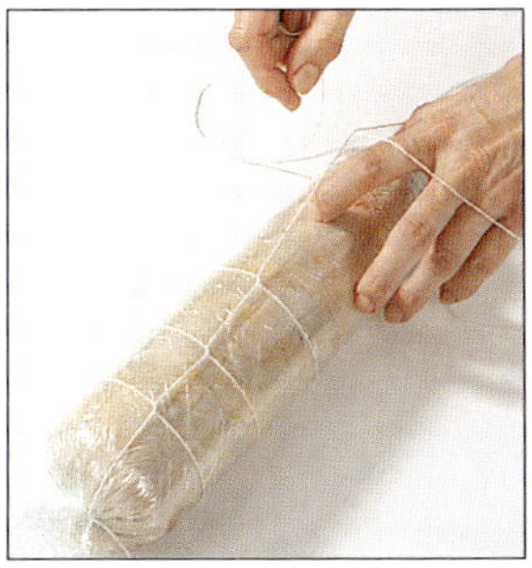

11. Mit einer Schnur locker umbinden.

12. In gesalzenem Fond oder Wasser bei einer Wassertemperatur von 80 °C garziehen lassen. Für 1 kg rechnet man 45–50 Minuten.

13. Fertige Galantine.

EIN MOUSSE ODER SCHAUMMUS ZUBEREITEN

TOMATEN-SCHAUMMUS
Für 4–6 Portionen

SCHAUMMUS
50 g Tomatenfleisch ohne Haut und Kerne
25 g Tomatenketchup
je 20 g Tomatensaft und -mark
Cayennepfeffer
weißer Pfeffer aus der Mühle
Salz
Zucker
1½ Blatt Gelatine oder die entsprechende Menge gemahlene Gelantine
1 EL Brühe
125 g Sahne, geschlagen

1. Das Tomatenfleisch durch ein feines Haarsieb streichen, mit dem Tomatenketchup, dem Tomatensaft sowie dem Tomatenmark mischen und würzen.

2. Die in kaltem Wasser eingeweichte, ausgedrückte, in einem Eßlöffel Brühe aufgelöste Gelatine unterrühren.

3. Von der geschlagenen Sahne ein Drittel mit dem Schneebesen und zwei Drittel nach und nach unterziehen.

4. Mus 2 cm hoch auf ein mit Wasser benetztes Blech aufstreichen. Kühlen.

5. Das Schaummus halbmondförmig ausstechen und mit einem Krustentiersalat anrichten.

Tomaten-Schaummus

EIN PARFAIT HERSTELLEN

GÄNSELEBERPARFAIT
Für 1 Terrine von ½ Liter Inhalt

PARFAIT
600 g kupferfarbene Gänsemastleber
Pastetensalzmischung nach Geschmack
weißer Pfeffer aus der Mühle
Selleriesalz
4 cl Weinbrand
4 cl Madeira

Die Pastetensalzmischung besteht aus Pastetengewürz (im Handel erhältlich) und Salz.

1. Die Gänsemastleber trennen und das feine Häutchen sorgfältig entfernen.
2. Die Gänsemastlebern mit einem scharfen Messer längs aufschneiden.
3. Die Adern und eventuell außen anhaftende Häutchen sorgfältig aus den Lebern entfernen.
4. Die Außenflächen der Lebern mit der Hand aufrauhen, damit sie sich beim Garen besser miteinander verbinden.
5. Die Gänsemastlebern mit der Pastetensalzmischung, dem Pfeffer und Selleriesalz bestreuen, mit dem Weinbrand und dem Madeira beträufeln. Mit Klarsichtfolie zugedeckt etwa 3–4 Stunden marinieren lassen.
6. Eine feuerfeste Terrinenform mit der Klarsichtfolie (oder dünnen Speckscheiben) sorgfältig auslegen.
7. Die marinierte Gänseleber in die Terrinenform drücken, und die Form anschließend mit einem Deckel verschließen.
8. Im Wasserbad im vorgeheizten Ofen bei 120°C in etwa 30 Minuten garziehen lassen. Dann gut durchkühlen lassen und in Scheiben geschnitten servieren.

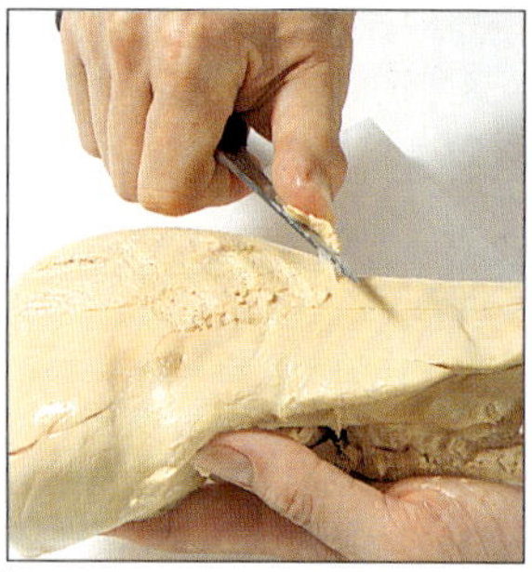
1

2

3

4

5

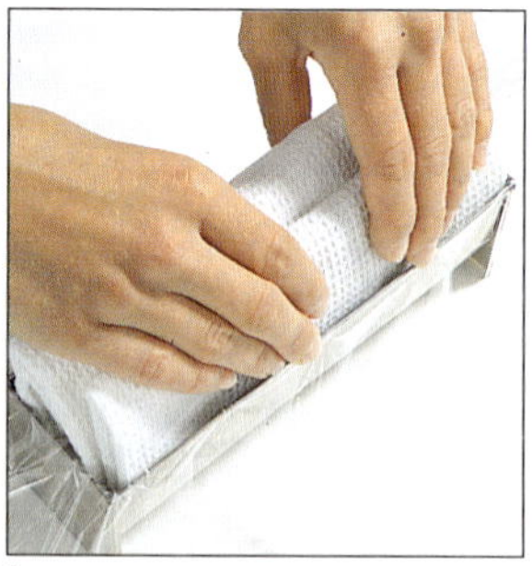
6

7

8

Gänseleberparfait in Scheiben geschnitten servieren

QUITTENSAUCE ZUBEREITEN

250 g Quittengelee
2 Msp. Senfpulver
2 cl Aprikot Brandy
2 cl weißer Portwein
1-2 EL Zitronensaft
Cayennepfeffer
Aprikosen, getrocknet
Pinienkerne

1. Das Quittengelee durch ein feines Holzrahmensieb streichen.

2. Das mit Brandy und Portwein angerührte Senfpulver unter das Gelee mischen. Mit Zitronensaft und Cayennepfeffer abschmecken.

3. Die Aprikosen in feine Streifen schneiden und mit den Pinienkernen unter die Sauce mischen. Kalt stellen und zu Pasteten und Galantinen servieren.

SALATSAUCE MIT ESSIG UND ÖL ZUBEREITEN

GRUNDREZEPT
½ Knoblauchzehe
1 Teil Essig
Salz
weißer Pfeffer aus der Mühle
Zucker
2 Teile Salatöl
1 EL Kräuter (Petersilie, Kerbel), gehackt

1. Eine Schüssel mit Knoblauch ausreiben. Essig hineingießen, Gewürze hinzufügen. So lange rühren, bis Salz und Zucker aufgelöst sind.

2. Das Öl tropfenweise kräftig unterrühren, bis es mit dem Essig verbunden ist.

3. Die gehackten Kräuter zufügen.

EIN SALAT-DRESSING ZUBEREITEN

THOUSAND-ISLAND-DRESSING
3 EL Mayonnaise
3 EL Chilisauce (oder Tomatenketchup)
2 EL Saure Sahne (oder Joghurt)
1 EL Orangensaft
1 EL Zitronensaft
Cayennepfeffer
Salz
Pfefferschoten

1. Die Mayonnaise, Chilisauce und saure Sahne mit einem Schneebesen glattrühren.

2. Mit dem Orangen- und Zitronensaft, Cayennepfeffer und Salz abschmecken.

3. Die Schotenwürfel unter die fertige Sauce ziehen.

KRÄUTERESSIG UND -ÖL SELBST HERSTELLEN

Kräuteressig und Öl sollten nur aus frischen Kräutern und neutralen Weinessigen, Pflanzen- und Olivenölen hergestellt werden.
Die Kräuter werden gewaschen und in Tüchern trockengeschüttelt. Für Kräuteressig eignen sich fast alle Kräuter, auch Knoblauch und Schalotten.
Für Kräuteressig rechnet man ungefähr 200–250 g frische Kräuter auf 1 Liter besten Weinessig. Die Kräuter etwas quetschen, in eine Flasche mit weitem Hals oder ein Einmachglas geben und mit dem Essig aufgießen. Gut verschließen und, um die Aromabildung zu fördern, etwa 15 Tage in die Sonne stellen. Den Essig durch einen Kaffeefilter gießen und in eine saubere Flasche füllen. Zur Dekoration kann man frisches Kraut mit in die Flasche geben.
Man kann auch Kräutermischungen verwenden. Läßt man in Rotweinessig Schalotten ziehen, so bekommt der Essig ein ganz anderes Aroma und ist für Salatsaucen eine geschmackliche Bereicherung.
Für Kräuteröl die Kräuter waschen, trockenschleudern und ausgebreitet an einem luftigen, möglichst staubfreien Platz antrocknen lassen. Die Kräuter dürfen nicht mehr feucht sein, da sonst das Öl ranzig wird. Die Kräuter etwas quetschen und in eine große Flasche oder ein Glas geben. Mit gutem Pflanzen- oder Olivenöl auffüllen, verschließen und 3–4 Wochen an einem warmen, aber nicht heißen Ort durchziehen lassen. Dann durch ein feines Tuch passieren und in eine saubere, trockene Flasche abfüllen. Als Dekoration einen frischen Zweig hineingeben.

EINE MAYONNAISE ZUBEREITEN

Für etwa ¼ l Mayonnaise
1 Eigelb
0,2 l Speiseöl
Salz
Zucker
Essig
weißer Pfeffer aus der Mühle

1. Das Eigelb mit einer Prise Salz cremig rühren.

2. Das Öl (Ei und Öl sollten die gleiche Temperatur haben) tropfenweise unterrühren.

3. Mit den Gewürzen abschmecken.

NEUE BÜRGERLICHE KÜCHE

Sie ist zwar konservativ im besten Sinne des Wortes, doch sucht sie durchaus auch mal das Abenteuer auf kulinarischem Terrain: die Neue Bürgerliche Küche.
Und neue Wege bieten sich gerade im Bereich der kleinen Leckerbissen und Vorspeisen an. So leiten Parmatrüffel oder Staudensellerie mit Gorgonzoladip die Mahlzeit statt der einstmals obligaten Suppe ein; Windbeutel mit Paprikacreme, Käsepfläumchen oder pikant gefüllte Blätterteigtaschen bieten willkommene Abwechslung beim kleinen Imbiß zwischendurch. Sie eignen sich vorzüglich zur unkonventionellen Bewirtung netter Gäste, die am Abend auf einen Sprung vorbeikommen, denen man aber zum Bier oder Wein nicht nur Salzstangen oder »Schnittchen« anbieten möchte. Aus der Fülle der Möglichkeiten, die die moderne bürgerliche Küche für solche Gelegenheiten bereit hält, sind hier Häppchen und Kleinigkeiten zusammengestellt, die das Attribut »gut«-bürgerlich wahrlich verdienen.

Käsehörnchen (Rezept Seite 34)

KÄSE-PFLÄUMCHEN

FÜR 6–8 PERSONEN
Zubereitungszeit:
10 Minuten
Pro Portion bei 6 Personen:
310 kcal
9 g E, 21 g F, 20 g K

30 entkernte, große Backpflaumen
150 g Schweizer Käse
100 g dünne Scheiben geräucherter Speck

1. Den Backofen oder Grill auf 250 °C vorheizen.
2. Die Backpflaumen kurz in lauwarmem Wasser einweichen und seitlich etwas aufschneiden. Den Käse in kleine Würfel schneiden und in die Backpflaumen füllen. Den Speck in Streifen schneiden und jede Pflaume in einen Streifen einwickeln.
3. Die Pflaumen unter dem Grill des Backofens auf der oberen Schiene kurz überbacken, bis der Speck schön kroß ist.
Beilage: Vollkornbrot

Die seitlich aufgeschlitzten Pflaumen mit Käse füllen.

Die Pflaumen mit Speckstreifen umwickeln und grillen.

GEFÜLLTE EIER

FÜR 8 PERSONEN
Zubereitungszeit:
30 Minuten
Kräuterfüllung pro Portion:
145 kcal
8 g E, 11 g F, 1 g K
Schinkenfüllung pro Portion:
135 kcal
2 g E, 11 g F, 0,1 g K

8 hartgekochte Eier

KRÄUTERFÜLLUNG
2 gewässerte Sardellen
1 EL Öl
2 EL Sahne
1 TL Meerrettich (aus dem Glas)
1 EL feingehackte Kräuter (Kresse, Dill, Schnittlauch, Kerbel)
Kresse zum Garnieren

SCHINKENFÜLLUNG
50 g roher oder gekochter Schinken
3 EL Mayonnaise
½ TL Senf
Salz
1 Msp. Paprikapulver
Paprikastreifen zum Garnieren

1. Die erkalteten Eier schälen und halbieren. Die Eidotter vorsichtig mit einem Teelöffel herausnehmen und durch ein Sieb streichen.
2. Für die Kräuterfüllung die Sardellen fein wiegen. 4 Eigelb mit Öl und Sahne zu einer glatten Creme verrühren. Sardellen, Meerrettich und die Kräuter hinzufügen. In einen Spritzbeutel mit breiter Tülle füllen und in die Hälfte der Eiweißhälften spritzen. Die gefüllten Eier mit Kresse garnieren.
3. Für die Schinkenfüllung den Schinken sehr fein wiegen oder im Mixer pürieren. Die restlichen Eigelb mit der Mayonnaise, Senf und Salz zu einer glatten Creme verrühren. Das Schinkenpüree hinzufügen und mit Paprikapulver würzen. In einen Spritzbeutel mit breiter Tülle füllen und in die übrigen Eiweißhälften spritzen. Mit Paprikastreifen garnieren.
4. Die gefüllten Eier auf einer eventuell mit Salatblätter ausgelegten Platte hübsch anrichten.
Beilage: Pumpernickel oder kräftiges Vollkornbrot mit frischer Butter

> TIP *Ein weiterer Füllungsvorschlag: 1 EL Kapern und 2 EL in Öl eingelegten Thunfisch ganz fein wiegen oder pürieren. Die hartgekochten Eigelb mit 2 EL Öl zu einer glatten Creme verrühren und mit der abgeriebenen Schale und dem Saft von ½ unbehandelten Zitrone, etwas Salz und der Thunfisch-Kapern-Creme mischen. Füllung in einen Spritzbeutel mit breiter Tülle füllen und in die Eiweißhälften spritzen. Mit Kapern oder Olivenscheiben garniert anrichten.*

PARMATRÜFFEL

FÜR 6 PERSONEN
Zubereitungszeit:
20 Minuten
Kühlzeit: 1 Stunde
Pro Portion:
515 kcal
16 g E, 34 g F, 26 g K

300 g Pumpernickel
150 g Butter
200 g Parmesan, frisch gerieben
5 cl Whisky
1 Msp. Cayennepfeffer
100 g Walnußhälften

1. Den Pumpernickel in Brösel zerkleinern. Die Butter schaumig rühren und mit 200 g Pumpernickelbrösel, dem Parmesan und dem Whisky vermischen. Mit Cayennepfeffer abschmecken und etwas durchziehen lassen.
2. Aus der Masse kleine Kugeln formen. Die restlichen Pumpernickelbrösel auf einen Teller geben und die Kugeln darin wenden. Mit je einer Walnußhälfte besetzen. Vor dem Auftragen 1 Stunde in den Kühlschrank stellen.

AUSGEBACKENE CHAMPIGNONS

FÜR 4 PERSONEN
Zubereitungszeit:
25 Minuten
Pro Portion:
215 kcal
10 g E, 9 g F, 23 g K

500 g kleine, geschlossene Champignons
Butterschmalz oder Öl zum Ausbacken
4 EL Mehl
2 Eier
Salz
100 g Semmelbrösel
einige Stengel Petersilie
Zitronenachtel

1. Die Champignons sorgfältig putzen, möglichst nicht waschen, höchstens kurz abduschen und mit Küchenpapier sorgfältig abtrocknen.
2. Reichlich Fett in einer hochwandigen Pfanne oder Friteuse erhitzen.
3. Die Champignons zuerst in Mehl, dann in den mit Salz verquirlten Eiern und zum Schluß in den Semmelbröseln wenden.
4. In dem heißen Fett goldgelb ausbacken. Mit einem Schaumlöffel herausnehmen und einen Augenblick auf saugfähigem Küchenpapier abtropfen lassen. Die Petersilie ebenfalls knusprig ausbacken.
5. Die Champignons mit der Petersilie und Zitronenachteln auf einer Platte anrichten. Heiß auftragen.
Beilage: Remouladensauce und Stangenweißbrot

LEBERPASTETE

FÜR 10 PERSONEN	■
Zubereitungszeit:	
3 Stunden	
Kühlzeit: 12 Stunden oder über Nacht	
Pro Portion:	
665 kcal	
15 g E, 63 g F, 1 g K	

500 g Schweinenacken
250 g Schweineleber
500 g fetter roher Speck
2 Zwiebeln
je 1 Stengel Petersilie, Estragon, Thymian
1 Lorbeerblatt
2 cl Cognac
2 Eier
Salz
50 g eingelegter grüner Pfeffer
einige breite Streifen fetter roher Speck für die Form
1 Schweinenetz

1. Schweinefleisch, Leber und Speck möglichst gleich beim Einkauf durch die grobe Scheibe der Fleischmaschine treiben lassen.
2. Die geschälten Zwiebeln und Kräuter im Mixer mit dem Cognac kurz vermischen, die Zwiebelstukke sollen zerhackt, aber nicht püriert sein.
3. Fleisch, Zwiebelgemisch, Eier und grünen Pfeffer in einer Schüssel gründlich vermischen. Herzhaft mit Salz und 1 Eßlöffel Pfeffersaft (von dem grünen Pfeffer) würzen.
4. Den Backofen auf 200 °C vorheizen.
5. Eine Terrine von 1½ l Fassungsvermögen mit Speckscheiben auslegen. Je nach Form der Terrine einen runden oder länglichen Laib aus dem Fleischteig formen. Das Schweinenetz gründlich waschen und den Fleischlaib darin einhüllen. Mit der glatten Seite nach oben in die Form legen.
6. Die Form mit einem Deckel oder Alufolie verschließen und den Deckel daraufgeben. In einen runden oder länglichen Schmortopf setzen und

Aus dem Fleischteig einen Laib formen und mit dem Netz umwickeln. Falls kein Schweinenetz vorhanden ist, die Oberfläche mit dem Speck abdecken.

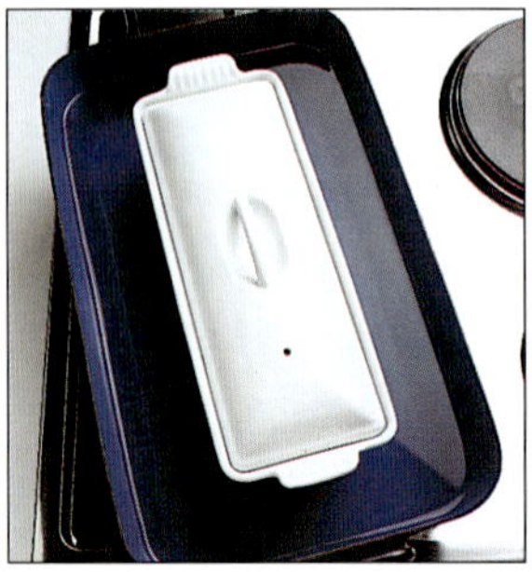

Die Pastetenform in einen mit heißem Wasser gefüllten Schmortopf stellen.

zweifingerbreit bis unter den Rand der Form mit heißem Wasser füllen. Auf die untere Schiene in den Backofen geben. In 2½ Stunden garen lassen.
7. Den Deckel entfernen und die Leberpastete über Nacht abkühlen lassen. In Scheiben geschnitten anrichten.
Beilage: kleine Gewürzgurken oder eine Cumberlandsauce, Landbrot oder Vollkornbrot und Butter
Getränkeempfehlung: Bier oder kräftiger Landwein

SCHINKEN-PASTETE IN ASPIK

FÜR 12 PERSONEN	■
Zubereitungszeit:	
2 Stunden	
Kühlzeit:	
12–24 Stunden	
Pro Portion:	
305 kcal	
17 g E, 20 g F, 1 g K	

500 g saftiger gekochter Schinken, in fingerdicke Scheiben geschnitten
250 g Kalbsschulter
200 g Geflügelleber
200 g fetter roher Speck
3 Schalotten
einige Stengel Petersilie
1 Ei
0,2 l Portwein
2 cl Cognac
Salz
schwarzer Pfeffer aus der Mühle
1 zerkrümeltes Lorbeerblatt
je 1 Msp. Nelken, Ingwer, Thymian, gemahlen
Butter für die Form
⅛ l Weißwein
¼ Lorbeerblatt
1 Nelke
4 Blatt Gelatine

1. 300 g gekochten Schinken in Würfel schneiden. Den restlichen Schinken mit dem Kalbfleisch, der Geflügelleber, dem Speck, den geschälten Schalotten und der Petersilie in einer Küchenmaschine zerkleinern und zu einer Farce vermischen. Das Ei leicht verschlagen und mit der Hälfte des Portweins und des Cognacs zu der Fleischmasse geben. Alles gründlich miteinander vermischen und herzhaft mit Salz, Pfeffer und den Gewürzen abschmecken. Die Schinkenwürfel hinzufügen.
2. Eine irdene Pastetenform von 1½ l Fassungsvermögen mit Butter ausstreichen. Den Backofen auf 200 °C vorheizen.
3. Die Farce gleichmäßig in die Form füllen, glattstreichen und festdrükken. Die Form mit einem Stück Alufolie abdecken und mit einem Deckel verschließen. Die Pastete soll hermetisch verschlossen sein.
4. Die Form in einen länglichen Schmortopf stellen und heißes Wasser bis zwei Finger breit unter den Rand der Form füllen. Auf den Rost auf die mittlere Schiene des Backofens schieben. In 1½ Stunden garen lassen.
5. Die Pastete etwas abkühlen lassen und den Saft, der sich gebildet hat, vorsichtig abgießen. Die Pastete mit einem Holzbrett bedecken und mit einem Gewicht beschwert erkalten lassen.

> **TIP** *Man kann die Pastete vor oder nach dem Backen mit einigen Zitronenscheiben und frischen Lorbeerblättern belegen – dies sieht vor allem unter dem Aspik sehr appetitlich und dekorativ aus.*

6. Den abgegossenen Fleischsaft entfetten. Restlichen Portwein, Cognac und den Weißwein, Lorbeerblatt und Nelke hinzufügen und 5 Minuten kochen lassen. Mit der kalt eingeweichten Gelatine binden und durch ein Sieb über die Schinkenpastete gießen.
7. Die Pastete vor dem Aufschneiden zugedeckt 12–24 Stunden in den Kühlschrank geben.
Beilage: Senffrüchte und knusprige Baguette
Getränkeempfehlung: kräftiger Burgunder, z. B. von der Ahr

STAUDENSELLERIE MIT GORGONZOLA-CREME

FÜR 6 PERSONEN ■
Zubereitungszeit:
10 Minuten
Pro Portion:
145 kcal
4 g E, 14 g F, 1 g K

1 Bund Staudensellerie
100 g Gorgonzola
60 g weiche Butter
½ TL scharfer Senf

Die Käsecreme mit Hilfe eines Spritzbeutels in die Selleriestangen füllen.

1. Die Selleriestangen von den Blättern befreien und gründlich waschen. Mit Küchenpapier abtrocknen.
2. Den Käse mit einer Gabel in einer kleinen Schüssel zerdrücken und mit der weichen Butter und dem Senf vermischen.
3. Die Selleriestangen mit Hilfe eines Spritzbeutels mit der Käsecreme füllen und bis zum Auftragen in den Kühlschrank geben.

TIP *Anstelle von Gorgonzola kann man auch den etwas pikanteren Roquefort für die Füllung verwenden.*

BAYERISCHER WURSTSALAT

FÜR 4 PERSONEN ■
Zubereitungszeit:
20 Minuten
Pro Portion:
570 kcal
20 g E, 50 g F, 1 g K

8 dicke Regensburger Würste
2 mittelgroße Zwiebeln

VINAIGRETTE
2 EL Essig
Salz
1 TL scharfer Senf
4 EL Öl
schwarzer Pfeffer aus der Mühle
2 EL Schnittlauchröllchen zum Garnieren

1. Die Regensburger Würste häuten und in dünne Scheiben schneiden. Dann dachziegelartig in einer flachen Schüssel anrichten.
2. Die Zwiebeln schälen, in dünne Ringe schneiden und über die Wurstscheiben verteilen.
3. Für die Vinaigrette den Essig mit Salz und Senf in einer kleinen Schüssel mit einem kleinen Schneebesen so lange rühren, bis sich das Salz aufgelöst hat. Dann erst das Öl unterschlagen. Die Vinaigrette über die Wurstscheiben und Zwiebelringe gießen. Den Salat mit frischgemahlenem Pfeffer und den Schnittlauchröllchen bestreuen. Der Salat schmeckt am besten, wenn er ein wenig durchgezogen ist.
Beilage: Laugenbrezel
Getränkeempfehlung: frisches Bier, z. B. Hefeweizen

KÄSEHÖRNCHEN

Foto Seite 28

FÜR 6 PERSONEN ■
Zubereitungszeit:
50 Minuten
Pro Portion (2 Stück):
510 kcal
15 g E, 41 g F, 16 g K

1 Paket tiefgekühlter Blätterteig (300 g)
100 g gekochter Schinken
150 g Allgäuer Emmentaler
250 g Sahne
1 Ei
Salz
frischgeriebene Muskatnuß
1 EL gehackte Petersilie
1 TL Zitronensaft
Mehl zum Ausrollen
1 Eigelb zum Bestreichen

Die Teigstücke von einer Ecke her aufrollen.

1. Den Blätterteig 20 Minuten auftauen lassen.
2. Den Schinken fein wiegen, den Käse reiben und mit Sahne, Ei, Gewürzen, Petersilie und Zitronensaft vermischen.
3. Den Backofen auf 225 °C vorheizen. Das Backblech kalt abspülen.
4. Den Blätterteig auf einem bemehlten Backbrett ausrollen und in 12 Dreiecke von ca. 10 cm Kantenlänge schneiden. Auf jedes Teigstück einen Löffel Füllung setzen.
5. Jedes Teigstück von der breiten Seite her aufrollen und zu einem Hörnchen biegen. Auf das Blech legen und mit dem verquirlten Eigelb bestreichen.
6. Die Hörnchen in 20 Minuten goldgelb backen und noch warm servieren.
Getränkeempfehlung: Pils

BLÄTTERTEIG-TASCHEN MIT PIKANTER FÜLLUNG

FÜR 6–8 PERSONEN ■
Zubereitungszeit:
50 Minuten
Pro Portion bei 6 Personen (2 Stück):
425 kcal
11 g E, 33 g F, 16 g K

1 Paket tiefgekühlter Blätterteig (300 g)
50 g durchwachsener geräucherter Speck
1 große Zwiebel
1 EL Butter
200 g Tatar
Salz
Cayennepfeffer
1 Msp. Paprikapulver
2 hartgekochte Eier
12 gefüllte Oliven
4 EL Rosinen
Mehl zum Ausrollen

1. Den Blätterteig 20 Minuten auftauen lassen.
2. Speck und Zwiebel in kleine Würfel schneiden und in Butter glasig braten. Das Tatar hinzufügen und ebenfalls kurz anbraten. Mit den Gewürzen abschmecken.
3. Die Eier und Oliven grob hacken und mit den Rosinen zum Fleisch geben. 4 Eßlöffel Wasser hinzufügen und die Füllung kurz durchkochen lassen.
4. Den Backofen auf 225 °C vorheizen. Das Backblech kalt abspülen.
5. Den Blätterteig auf einem bemehlten Backbrett ausrollen und mit einem Glas 12–18 Plätzchen mit einem Durchmesser von ca. 8 cm ausstechen und etwas Füllung geben. Halbmondförmig zusammenfalten und die Ränder fest andrücken. Auf das Backblech setzen.
6. Das Blech auf die mittlere Schiene in den Backofen schieben. Die Taschen in 20 Minuten goldbraun backen. Warm servieren.
Getränkeempfehlung: trockener Weißwein oder Pils

WINDBEUTEL-KRANZ MIT LACHSCREME

FÜR 6–8 PERSONEN ■■
Zubereitungszeit:
1 Stunde
Kühlzeit:
1 Stunde
Pro Portion bei 6 Personen:
560 kcal
21 g E, 41 g F, 21 K

TEIG
⅛ l Milch
⅛ l Wasser
½ TL Salz
75 g Butter
150 g Mehl
5 Eier

CREME
300 g Räucherlachs
100 g Crème fraîche
Salz
schwarzer Pfeffer aus der Mühle
1 EL gehackter Dill
4 Blatt Gelatine
6 EL Fleischbrühe (aus Extrakt)
250 g Sahne

1. Das Backblech mit Backpapier auslegen und in die Mitte mit Hilfe eines umgedrehten Eßtellers einen Kreis zeichnen.
2. Für den Teig Milch und Wasser mit Salz und Butter in einem Topf aufkochen. Das gesamte Mehl auf einmal in die kochende Flüssigkeit schütten. Bei schwacher Hitze rühren, bis sich der Teigkloß vom Topfboden löst. Vom Herd nehmen und unter Rühren ein Ei nach dem anderen hinzufügen. Der Teig muß ganz glatt sein.
3. Den Backofen auf 200 °C vorheizen.
4. Den Brandteig in einen Spritzbeutel mit breiter Tülle füllen. Den gekennzeichneten Kreis auf dem Backpapier mit 2 nebeneinanderliegenden Teigkränzen nachspritzen und auf die beiden Ringe dicht nebeneinander dicke Teigtupfer setzen.
5. Das Blech auf die mittlere Schiene des Back-

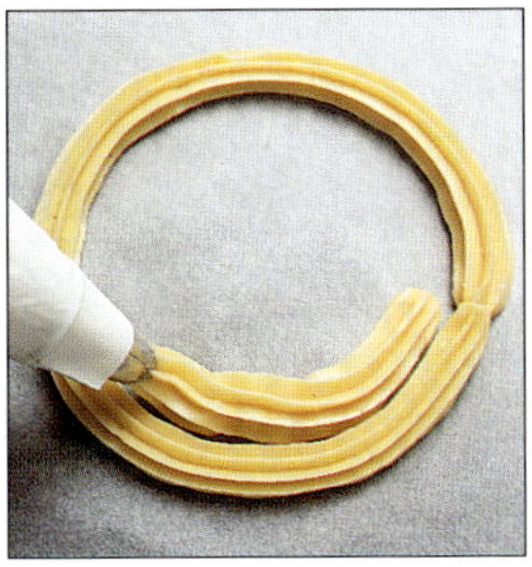

Die Teigkränze auf den vorgezeichneten Kreis spritzen.

ofens schieben und den Kranz in etwa 40 Minuten goldgelb backen. Zum Abkühlen auf ein Tortengitter geben.
6. Für die Creme den Lachs mit der Crème fraîche im Mixer oder in der Küchenmaschine pürieren. Herzhaft mit Salz und Pfeffer abschmecken und den Dill untermischen.
7. Die Gelatine kalt einweichen und in der heißen Fleischbrühe auflösen. Unter die Lachscreme rühren. Die Sahne sehr steif schlagen und zuletzt unter die Lachscreme ziehen.
8. Den abgekühlten Windbeutelkranz einmal quer durchschneiden.
9. Die Lachscreme in einen Spritzbeutel füllen und die untere Hälfte des Kranzes damit füllen. Die obere Hälfte darübersetzen. Den Kranz 1 Stunde in den Kühlschrank stellen.
10. Vor dem Auftragen mit einem scharfen Messer in 6–8 Portionsstücke zerteilen und den Kranz wieder zusammensetzen.
Getränkeempfehlung: Champagner

WINDBEUTEL MIT PAPRIKACREME

FÜR 6–8 PERSONEN ■■
Zubereitungszeit:
1 Stunde
Kühlzeit: 30 Minuten
Pro Portion bei 6 Personen:
425 kcal
12 g E, 29 g F, 24 g K

TEIG
⅛ l Milch
⅛ l Wasser
½ TL Salz
75 g Butter
150 g Mehl
5 Eier

CREME
4 rote Paprikaschoten
¼ l Hühnerbrühe (aus Extrakt)
Salz
4 Blatt Gelatine
250 g Sahne

1. Das Backblech mit Backpapier auslegen.
2. Für den Teig Milch und Wasser mit Salz und Butter in einem Topf aufkochen. Das gesamte Mehl auf einmal in die kochende Flüssigkeit schütten. Bei schwacher Hitze rühren, bis sich der Teigkloß vom Topfboden löst. Vom Herd nehmen und unter Rühren ein Ei nach dem anderen hinzufügen. Der Teig muß ganz glatt sein.
3. Den Backofen auf 200 °C vorheizen.
4. Mit 2 Eßlöffeln 8 eigroße Teighäufchen auf das Backpapier setzen (von dem restlichen Teig nußgroße Teighäufchen bakken, die mit süßer Schlagsahne gefüllt werden können), dabei genügend Zwischenraum lassen, da der Teig beim Backen aufgeht.
5. Das Blech auf die mittlere Schiene in den Backofen schieben. Die Windbeutel in etwa 25 Minuten goldgelb backen. Noch warm aufschneiden, so daß sie sich aufklappen lassen, aber noch zusammenhalten. Abkühlen lassen.
6. Für die Creme die ge-

Die Paprikacreme mit einem Spritzbeutel auf die unteren Hälften der Windbeutel spritzen.

waschenen Paprika im heißen Backofen (250 °C) grillen, bis die Haut zu platzen beginnt. Die Haut abziehen, den Deckel der Früchte mit den anhängenden weißen Samen abschneiden, und die Paprika in Stückchen schneiden. Diese mit der Brühe bedeckt ganz weich kochen.
7. Paprikastücke mit der Brühe kurz im Mixer pürieren. Herzhaft mit Salz abschmecken. Die Gelatine kalt einweichen, in etwas warmem Wasser auflösen und unter das Paprikapüree mischen. Völlig erkalten, aber nicht fest werden lassen. Die Sahne steif schlagen, mit dem Püree vermischen und leicht erstarren lassen. Dabei mit einem Schneebesen durchrühren.
8. Die Paprikacreme in einen Spritzbeutel füllen oder mit einem Löffel die unteren Hälften der Windbeutel mit der Paprikacreme füllen. Den Teigdeckel daraufsetzen und die Windbeutel 30 Minuten in den Kühlschrank stellen.
Getränkeempfehlung: Spritziger Weißwein

LÖWENZAHNSALAT MIT KNOBLAUCH-CROUTONS

FÜR 4 PERSONEN	■
Zubereitungszeit:	
15 Minuten	
Pro Portion:	
210 kcal	
3 g E, 15 g F, 13 g K	

4 Löwenzahnpflanzen
oder 4 Handvoll junge
Löwenzahnblätter
1 Schalotte

VINAIGRETTE
2 EL Weinessig
Salz
schwarzer Pfeffer
aus der Mühle
2 EL Olivenöl
2 EL Maiskeimöl

CROUTONS
2 Scheiben Weißbrot
2 Knoblauchzehen
2 EL Öl zum Braten

1. Die Löwenzahnpflanzen am unteren Ende abschneiden und die welken Außenblätter entfernen, Löwenzahnblätter verlesen. Unter fließendem Wasser gründlich waschen, in einem Salatsieb trockenschleudern und in Viertel zerschneiden.
2. Die geschälte Schalotte in kleine Würfel schneiden und mit dem Salat in eine Schüssel geben.
3. Für die Vinaigrette den Essig mit Salz und Pfeffer verrühren, bis sich das Salz aufgelöst hat. Unter Rühren nach und nach die beiden Ölsorten hinzufügen.
4. Für die Croûtons das Brot entrinden, mit dem Saft der geschälten, durchgeschnittenen Knoblauchzehen einreiben und anschließend in kleine Würfel schneiden. In einer Pfanne das Öl erhitzen und die Brotwürfel darin goldbraun rösten.
5. Die Salatsauce erst am Tisch mit dem Salat vermischen und die heißen Brotwürfel hinzufügen.

PASTETEN MIT RAGOUT FIN

FÜR 6 PERSONEN	■■
Zubereitungszeit:	
2 Stunden	
Wässern des Brieses:	
2–3 Stunden	
Pro Portion:	
510 kcal	
26 g E, 31 g F, 20 g K	

1 Kalbsbries
300 g Kalbfleisch oder
1 kleine Kalbszunge
½ Bund Suppengrün
¼ l Weißwein
Salz
1 Stück unbehandelte
Zitronenschale
½ Lorbeerblatt
3 weiße Pfefferkörner
100 g Champignons
1 TL Zitronensaft
1 EL Butter
4 EL Crème double
2 Eigelb
weißer Pfeffer
aus der Mühle
frischgeriebene Muskatnuß
6 Blätterteigpasteten
(fertig gekauft)
Worcestershiresauce

1. Das Kalbsbries einige Stunden in kaltem Wasser wässern und das Wasser hin und wieder erneuern, bis es nicht mehr blutig ist. Das Bries in einen Topf geben, mit kaltem Wasser bedecken und bei leichter Hitze bis zum Kochen bringen. 5 Minuten sanft kochen lassen. Das Bries mit einem Schaumlöffel herausnehmen und in eine Schüssel mit kaltem Wasser geben.
2. Das Kalbfleisch oder die geputzte Kalbszunge mit ½ l Wasser, dem Wein, dem Suppengrün, Salz und den Gewürzen in 1 Stunde gar kochen lassen.
3. Inzwischen die Champignons putzen, in Streifen schneiden und mit Zitronensaft beträufeln. In der Butter 5 Minuten durchschwenken. Leicht salzen.
4. Das Kalbsbries von anhaftenden Adern und Hautfetzen befreien. In die einzelnen Segmente und

Das Kalbfleisch mit Wein, Suppengrün und Gewürzen eine Stunde garkochen.

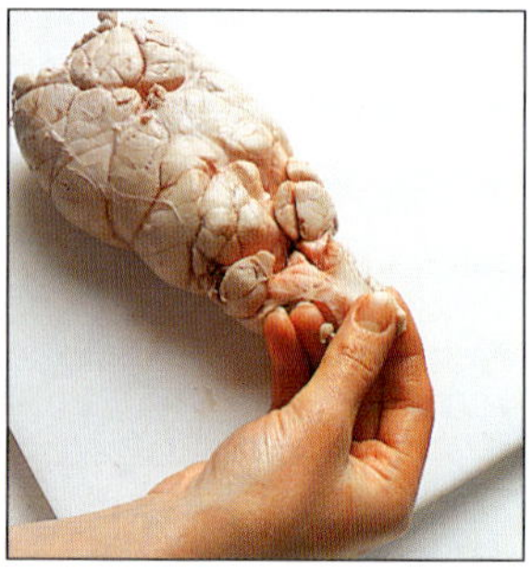
Das Kalbsbries nach dem Kochen von den anhaftenden Adern und den Hautfetzen befreien.

Kalbfleisch und Kalbsbries in Würfel oder Streifen schneiden.

Nach dem Legieren mit Eigelb darf das Ragout keinesfalls mehr kochen.

dann in Würfel oder in Streifen schneiden, das gekochte Kalbfleisch oder die Zunge ebenfalls.
5. Die Kalbsbrühe in einem Topf offen auf einen knappen ¼ l Flüssigkeit einkochen lassen und durch ein Sieb zurück in einen Topf gießen. Die Crème double hinzufügen und erneut einkochen lassen. Das gewürfelte Fleisch und die Champignons in die Sauce geben und kurz aufkochen lassen. Die beiden Eigelb mit etwas Sauce verrühren und das Ragout damit legieren. Nicht mehr kochen lassen. Mit Salz, Pfeffer und Muskat abschmekken.
6. Die Blätterteigpasteten vor dem Auftragen im Backofen erwärmen und dann mit dem Ragout füllen. Das Ragout darf dabei ruhig auf der einen Seite über den Rand hinwegfließen. Heiß auftragen und Worcestershiresauce mit anrichten.
Getränkeempfehlung: reifer Riesling, z. B. aus der Rheinpfalz

> TIP *Noch feiner wird das Ragout, wenn man anstelle der Champignons getrocknete, in Stückchen geschnittene Morcheln verwendet; und festlich sieht es aus, wenn es in einer großen Blätterteigpastete mit Deckel aufgetragen wird.*

FELDSALAT MIT RÄUCHERLACHS

FELDSALAT MIT RÄUCHERLACHS

FÜR 4 PERSONEN ■
Zubereitungszeit:
15 Minuten
Pro Portion:
305 kcal
13 g E, 26 g F, 2 g K

200 g kleinblättriger Feldsalat
1 kleiner Chicorée
200 g frische Champignons oder Steinpilze
2 Schalotten
200 g geräucherter Lachs
50 g Walnußkerne

VINAIGRETTE
2 TL Zitronensaft
Salz
weißer Pfeffer aus der Mühle
1 TL scharfer Senf
6 EL Öl (möglichst 2 EL Walnußöl und 4 EL neutrales Öl)

1. Die sandigen Wurzelenden des Feldsalates so abschneiden, daß die Salatpflanzen noch zusammenhalten und nicht in einzelne Blätter zerfallen. Nur sehr großblättriger Feldsalat wird auseinandergelöst. Den Salat gründlich in leicht lauwarmem Wasser waschen und auf einem Sieb abtropfen lassen oder vorsichtig trockenschleudern. Den Chicorée in einzelne Blätter teilen und in Stücke schneiden.
2. Die geputzten Pilze in Streifen schneiden, die geschälten Schalotten in kleine Würfel. Die Lachsscheiben in breite Streifen schneiden. Die Nüsse grob hacken.
3. Die Hälfte der Lachsstreifen beiseite stellen. Alle übrigen Salatzutaten in eine Schüssel geben und miteinander vermischen.
4. Für die Vinaigrette den Zitronensaft mit Salz und Pfeffer verrühren, bis das Salz aufgelöst ist. Dann mit einem kleinen Schneebesen zuerst den Senf und dann nach und nach das Öl mit dem Zitronensaft verrühren, so daß eine glatte Sauce entsteht.
5. Die Vinaigrette über die Salatzutaten gießen und gründlich miteinander vermischen. Die restlichen Lachsstreifen als Garnitur über den Salat streuen.
Beilage: knusprige Brötchen, evtl. Käsebrötchen

PASTETEN MIT KREBSRAGOUT UND MORCHELN

FÜR 6 PERSONEN ■ ■
Zubereitungszeit:
1 Stunde und 20 Minuten
Einweichzeit der Morcheln:
1 Stunde
Pro Portion:
500 kcal
14 g E, 35 g F, 17 g K

30 g getrocknete Morcheln
36–48 gekochte, frische Krebse oder ausgelöste Krebsschwänze
3 EL Olivenöl
1 Möhre
2 Schalotten
1 Stange Porree (nur den weißen Teil)
1 Stange Staudensellerie
1 Stück Fenchel
3 EL Cognac
0,2 l Weißwein (Chablis)
300 g Crème fraîche
1 EL Butter
Salz
weißer Pfeffer aus der Mühle
Zitronensaft
6 Blätterteigpasteten, (fertig gekauft)

1. Die getrockneten Morcheln 1 Stunde mit Wasser bedeckt einweichen. Die Pilze unter fließendem Wasser sehr gründlich waschen – in jeder kleinen Vertiefung der Hütchen kann Sand sein. Große Morcheln halbieren oder vierteln. Auf einem Küchentuch gut trocknen lassen.
2. Von den gekochten Krebsen die Schwänze vom Rumpf drehen, an der Bauchseite aufbrechen, auslösen und den Darm am Ende der Schwänze herausziehen. Die Scheren mit einer Hummerschere aufknacken (zur Not tut es ein Nußknacker) und mit einer langzinkigen Gabel das Fleisch herauslösen. Die Krebsschalen waschen und in der Küchenmaschine zerkleinern.
3. Das Olivenöl in einem Topf erhitzen und die Krebsschalen und die Köpfe darin 6–7 Minuten unter Rühren leicht anrösten. Das gewaschene, geputzte und in kleine Würfel geschnittene Gemüse hinzufügen und alles einige Minuten weiterschmoren, bis alle Flüssigkeit verdampft ist. Dann den Cognac darübergeben und flambieren. Mit dem Wein aufgießen. Unter ständigem Rühren einkochen lassen. Die Crème fraîche hinzufügen und die Sauce bei leichter Hitze in etwa 20 Minuten cremig einkochen.
4. In dieser Zeit die Butter in einer Pfanne zerlassen und die Morcheln hineingeben. Mit Salz, Pfeffer und Zitronensaft würzen. Unter gelegentlichem Umrühren mit einem Holzlöffel etwa 10 Minuten schmoren lassen.
5. Die Krebs-Sahne-Sauce durch ein Sieb in eine Kasserolle passieren und mit Salz und Pfeffer abschmecken. Erneut zum Kochen bringen. Die Morcheln hinzufügen und einige Minuten durchkochen. Die Krebsschwänze dazugeben und alles zusammen erwärmen.
6. Die Pastetchen kurz im Backofen erwärmen. Unmittelbar vor dem Auftragen mit dem Krebsragout füllen.
Getränkeempfehlung: trockener, weißer Burgunder, am besten Chablis

FEINER HERINGSSALAT

FÜR 4 PERSONEN ■
Zubereitungszeit:
30 Minuten
Pro Portion:
820 kcal
23 g E, 69 g F, 20 g K

4 Matjesfilets
100 g Kalbsbraten in Scheiben (fertig gekauft)
1 große Gewürzgurke
2 säuerliche Äpfel
2 Stangen Staudensellerie
50 g Walnußkerne
4 Pellkartoffeln (200 g)
4 EL Weinessig
Salz
schwarzer Pfeffer aus der Mühle
200 g Mayonnaise (möglichst selbstgemacht)
4 EL Joghurt
2 Msp. Ingwerpulver
einige Stengel Kerbel
½ Bund Schnittlauch

1. Die Matjesfilets kurz wässern. Matjes, den Kalbsbraten, die Gewürzgurke und die geschälten und entkernten Äpfel in Streifen schneiden, die Selleriestangen in Stückchen. Die Walnußkerne grob hakken. Die Kartoffeln schälen und in Würfel schneiden.
2. Die Salatzutaten in einer Schüssel vermischen und mit dem Essig, wenig Salz und dem Pfeffer würzen. Etwas durchziehen lassen.
3. Die Mayonnaise mit dem Joghurt und dem Ingwerpulver verrühren. Die Kräuter fein wiegen und zusammen mit der Mayonnaise unter die Salatzutaten heben. Den Salat, wenn möglich, 1–2 Stunden durchziehen lassen.
Beilage: knusprige Brötchen
Getränkeempfehlung: kühles Bier und ein klarer Schnaps

RÄUCHERFISCH-SALAT

FÜR 4 PERSONEN ■
Zubereitungszeit:
20 Minuten
Marinierzeit:
1 Stunde
Pro Portion:
525 kcal
25 g E, 34 F, 22 g K

400 g Räucherfisch
(z. B. Schillerlocken, Heilbutt, Pfeffermakrele, Räucherforelle)
300 g Pellkartoffeln
1 kleine Zwiebel
1 Gewürzgurke
2 aromatische Äpfel
1 rote Paprikaschote
Salz
3 EL Weinessig
3 EL gehackter Dill
½ Kopf Endiviensalat
als Garnitur

VINAIGRETTE
2 EL Weinessig
2 TL scharfer Senf
Salz
schwarzer Pfeffer
aus der Mühle
2 EL Traubenkernöl
6 EL Sahne

1. Schillerlocken in Stückchen schneiden, die anderen Räucherfische von Haut und Gräten befreien und in nicht zu kleine Stückchen zerpflücken.
2. Die abgezogenen Pellkartoffeln in größere Würfel, die geschälte Zwiebel in kleine Würfel und die Gewürzgurke in Streifen schneiden. Die Äpfel schälen, vierteln, entkernen und in Würfel schneiden. Die entkernte Paprikaschote ebenfalls in feine Streifen schneiden, evtl. ganz kurz in kochendem Wasser blanchieren.
3. Alle vorbereiteten Salatzutaten, bis auf den Fisch, in einer Schüssel miteinander vermischen, leicht salzen und mit dem Essig übergossen 1 Stunde marinieren lassen.
4. Für die Vinaigrette Essig, Senf, Salz und Pfeffer verrühren, bis sich das

Bereits die Zutaten für den Räucherfischsalat wirken appetitanregend.

Den Räucherfisch vorsichtig von den Gräten lösen.

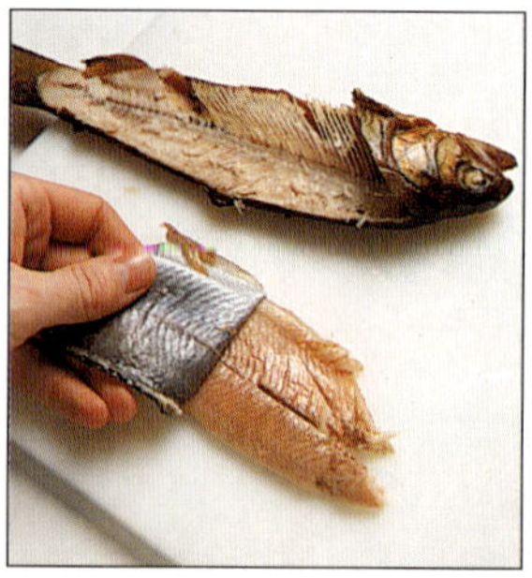

Die Haut von den Räucherfischhälften abziehen.

Salz aufgelöst hat. Nach und nach unter Rühren mit einem Schneebesen das Öl und die Sahne hinzufügen.
5. Den Salat vorsichtig mit dem Räucherfisch und dem Dill vermischen. Die Vinaigrette darübergießen, locker unterheben und den Salat noch einmal kurz durchziehen lassen. Auf einer Platte in einem Kranz von streifig geschnittenem Endiviensalat anrichten.
Beilage: Vollkornbaguette

AVOCADOFÄCHER MIT RÄUCHER-LACHS

FÜR 4 PERSONEN ■
Zubereitungszeit:
15 Minuten
Pro Portion:
535 kcal
9 g E, 52 g F, 3 g K

125 g Crème fraîche
3 EL Sahne
1 TL scharfer Senf
Saft von ½ Zitrone
Salz
weißer Pfeffer
aus der Mühle
½ Bund Dill
100 g Räucherlachs
2 reife Avocados

1. Die Crème fraîche mit Sahne und Senf verrühren. Mit Zitronensaft, Salz und Pfeffer abschmecken. Den Dill waschen und mit einer Schere kleinschneiden. Den Lachs in feine Streifen schneiden. Den Dill und die Hälfte der Lachsstreifen unter die Creme geben.

Die geschälten Avocadohälften fächerförmig aufschneiden.

2. Die Avocados halbieren, den Kern entfernen und die Haut abziehen. Mit einem scharfen Messer der Länge nach so in feine Streifen schneiden, daß die Streifen am Stielansatz noch zusammenhängen.
3. Fächerförmig auseinanderziehen und auf vier Tellern anrichten. Neben jeden Fächer etwas Dillcreme geben und mit den restlichen Lachsstreifen garnieren.
Beilage: warmes Baguette mit Knoblauchbutter

CHICORÉESALAT MIT KRABBEN

FÜR 4 PERSONEN ■
Zubereitungszeit:
15 Minuten
Pro Portion:
175 kcal
13 g E, 12 g F, 2 g K

3 Chicoréekolben
2–3 Stücke Senfgurke
(aus dem Glas)
1 Kästchen Kresse
200 g ausgelöste
Nordseekrabben

SAUCE
4 EL Mayonnaise
3 EL Quark
3 EL Milch
1 EL Essig
1 TL Curry
Salz

1. Die einzelnen Blätter von den Chicoréekolben ablösen, waschen, trokkentupfen und in Streifen schneiden. Die Senfgurke ebenfalls in feine Streifen schneiden. Die Kresseblätter mit einer Schere am Wurzelende abschneiden. Alles mit den Krabben in einer Schüssel locker vermischen.
2. Für die Sauce Mayonnaise, Quark, Milch, Essig, Curry und Salz glatt verrühren.
3. Die Sauce über die Salatzutaten gießen und leicht unterheben.
Beilage: Walnußbrot oder Vollkornbrötchen

TIP *Anstelle der Krabben kann man auch Krevetten oder in Stückchen geschnittene Scampischwänze verwenden, die besonders gut schmecken, wenn sie frisch gekocht und noch lauwarm sind.*

GEFLÜGELSALAT

FÜR 4 PERSONEN ■
Zubereitungszeit:
20 Minuten
Pro Portion:
250 kcal
19 g E, 8 g F, 21 g K

300 g gekochtes Geflügelfleisch (Brust von Huhn oder Puter) (am besten Brust)
2 Kiwis
1 Mango
1 rosa Grapefruit

MARINADE
1 TL Zucker
Saft von 1 Zitrone
Saft von 1 Orange
6 EL Crème fraîche
2 EL Rum
schwarzer Pfeffer aus der Mühle
einige frische Minzeblätter

1. Das Geflügelfleisch in feine Streifen schneiden. Die Kiwis und die Mango schälen, das Fruchtfleisch der Mango um den flachen Kern herum abschneiden. Die Früchte in Scheiben schneiden, den heraustretenden Saft auffangen. Die Grapefruit dick abschälen, so daß die weiße Haut mit entfernt wird, dann in Würfel schneiden und den Saft ebenfalls auffangen.
2. Alle Zutaten in einer Schüssel vermischen.

TIP *Exotische Früchte sind die idealen Geflügelbegleiter. So können Sie die Mango auch durch eine frische Ananas ersetzen. Reife Mangos erkennt man an ihrem Duft!*

Die Kiwis enthäuten und in schmale Scheiben schneiden.

Beim Schälen der Grapefruit die weiße Haut mit entfernen, da sie bitter schmeckt.

3. Für die Marinade den Zucker in dem Zitronen- und Orangensaft auflösen und diesen Saft unter Rühren an die Crème fraîche geben. Den Rum und den aufgefangenen Saft von Kiwi, Mango und Grapefruit hinzufügen. Mit Pfeffer und streifig geschnittener Minze würzen.
4. Die Marinade über die Salatzutaten gießen und alles vermischen. Mit einem Minzezweiglein garnieren.
Beilage: frische Baguette
Getränkeempfehlung: junger, fruchtiger Weißwein oder ein Roséwein aus der Provence

WILDSALAT MIT BIRNEN

FÜR 4 PERSONEN ■
Zubereitungszeit:
20 Minuten
Pro Portion:
300 kcal
13 g E, 21 g F, 13 g K

200 g Reste von Wildfleisch (in Scheiben geschnitten)
2 reife Birnen
1 TL Zitronensaft
½ kleine Sellerieknolle
Salz
2 Kiwis
2 EL gehackte Walnüsse

SAUCE
6 EL Mayonnaise (möglichst selbstgemacht)
1 TL scharfer Senf
3 EL Sahne

AUSSERDEM
6–8 Blätter Lollo Rosso
grobgemahlener schwarzer Pfeffer

1. Das Wildfleisch und die geschälten Birnen in Streifen schneiden, die Birnenstreifen sofort mit Zitronensaft beträufeln.
2. Den Sellerie schälen und in feine Streifen schneiden. In kochendem Wasser in etwa 2 Minuten blanchieren und auf einem Sieb gut abtropfen lassen.
3. Die Kiwis schälen und in Scheiben schneiden, die Hälfte der Kiwischeiben in Würfel. Die Kiwiwürfel mit dem Fleisch, den Birnen, den Selleriestreifen und den gehackten Walnüssen in einer Schüssel vermischen.
4. Für die Sauce die Mayonnaise mit Senf und Sahne verrühren, über die Salatzutaten gießen und unterheben. Den Salat auf den Lollo-Rosso-Blättern anrichten und mit den Kiwischeiben garnieren. Mit Pfeffer bestreuen.
Beilage: Französisches Weißbrot
Getränkeempfehlung: ein leichter, fruchtiger Rotwein; z. B. ein Chianti oder ein Beaujolais

TINTENFISCH SALAT MIT GEMÜSE

FÜR 4–6 PERSONEN ■
Zubereitungszeit:
30 Minuten
Bei 4 Personen pro Portion:
150 kcal
21 g E, 5 g F, 4 g K

je 250 g grüner Blumenkohl und Brokkoli
Salzwasser
½ kg geputzte kleine Tintenfische (seppie, calamari)
1 EL Olivenöl
Salz
Pfeffer aus der Mühle
1 weiße Zwiebel
3 EL Weißweinessig
1–2 Fleischtomaten
2 Knoblauchzehen
2 EL gehackte Petersilie

1. Den grünen Blumenkohl und Brokkoli in kleine Röschen teilen. In siedendem Salzwasser bißfest garen. Herausnehmen, kalt abschrecken und gut abtropfen lassen.
2. Tintenfische unter fließendem Wasser waschen (eventuell müssen noch Rückenplatten und »Schnabel« entfernt werden). Die Körper in Ringe schneiden. Im mittelheißen Öl (nicht zu heiß, sonst werden sie zäh) knapp weich braten. Mit Salz, Pfeffer und Zitronensaft würzen. Zwiebelringe zufügen, kurz mitbraten, bis sie zusammenfallen. Essig dazugießen, dann Topf von der heißen Kochstelle ziehen.
3. Blumenkohl und Brokkoli beigeben und alles zugedeckt durchziehen lassen.
4. Die Tomaten kurz mit heißem Wasser überbrühen, kalt abschrecken, enthäuten und halbieren. Entkernen, würfeln und unter die Tintenfische mischen. Mit Salz, Pfeffer und gepreßtem Knoblauch abschmecken. 2 Stunden zugedeckt durchziehen lassen. Vor dem Servieren mit gehackter Petersilie bestreuen.

Das internationale Angebot an Salaten, kleinen Gerichten und Vorspeisen, wie es in diesem Kapitel präsentiert ist, füllt ein üppiges Büfett, von dem der verwöhnte Globetrotter für die Zubereitung in der eigenen Küche nach Belieben wählen kann. Sind vielleicht Chinesische Krabbenhäppchen mit Sesam oder Schwedischer Räucheraal auf Rührei gefällig? Dürfen's Russische Kohlpiroggen oder Japanische Tempura sein? Oder vielleicht von vielem etwas? Die nächste Party ist programmiert, und man lädt zu einem Streifzug durch die Küchen der Welt ein. Dabei fehlt es nicht an diversen Salaten und exotischen Früchten. Doch nicht nur einfallsreichen Gastgebern, die das Besondere lieben, ist dieses Kapitel zugedacht, sondern auch Hausfrauen und -männern, die dann und wann den Küchenalltag durch kulinarische Ausflüge in die weite Welt pikanter machen möchten.

Sushi (Rezept Seite 53)

SCHOTTISCHE EIER
Scotch eggs

FÜR 4 PERSONEN ■
Zubereitungszeit:
20 Minuten
Pro Portion:
510 kcal
19 g E, 41 g F, 9 g K

4 hartgekochte Eier
300 g feine Bratwurstfülle
1 Ei
Salz
4 EL Semmelbrösel
Öl oder Butterschmalz zum Ausbacken

Die hartgekochten Eier abkühlen lassen, danach mit der Bratwurstfülle ummanteln.

1. Die abgekühlten Eier schälen. Die Bratwurstfülle zu vier flachen Plätzchen formen. In die Mitte die Eier legen und die Bratwurstfülle so über die Eier drücken, daß sie ganz umhüllt sind.
2. In einem Teller das Ei mit etwas Salz verquirlen und die Fleischeier darin wenden. Dann in den Semmelbröseln wenden.
3. In einer hochwandigen Pfanne oder in einer Friteuse das Ausbackfett erhitzen. Die Eier darin von allen Seiten knusprig braun braten. Warm oder kalt servieren.
Beilage: scharfer Senf und Brötchen
Getränkeempfehlung: In Großbritannien wird Bier oder Gin-Tonic serviert.

BLÄTTERTEIG-SCHNITTEN MIT ROQUEFORT-CREME
Millefeuille au Roquefort

FÜR 4 PERSONEN ■
Zubereitungszeit:
30 Minuten
Pro Portion:
660 kcal
13 g E, 54 g F, 25 g K

1 Paket tiefgekühlter Blätterteig (300 g)
Mehl zum Ausrollen
100 g Roquefort
100 g Quark
1 TL Armagnac
250 g Sahne
Salz
schwarzer Pfeffer aus der Mühle
1 EL Schnittlauchröllchen

1. Den Blätterteig 20 Minuten auftauen lassen.
2. Den Backofen auf 225 °C vorheizen.
3. Ein Backblech mit kaltem Wasser abspülen.
4. Den Blätterteig auf einem leicht bemehlten Brett zu einem Rechteck von 20×45 cm ausrollen, in drei 20×15 cm große Streifen schneiden. Auf das Backblech legen und mit einer Gabel mehrmals einstechen.

> **TIP** *Für dieses Rezept sollten Sie Blätterteig verwenden, der nicht in Portionsstücke geteilt, sondern im Ganzen eingefroren ist.*

5. Im Backofen auf der mittleren Schiene in 20 Minuten goldbraun backen. Auf einem Kuchengitter abkühlen lassen.
6. Während der Backzeit des Blätterteigs die Creme zubereiten. Dafür den Roquefort fein zerbröckeln und mit Quark und Armagnac verrühren. Die Sahne

Aus dem ausgewellten Teig ein großes Rechteck radeln. Dieses dann in drei gleich große Streifen schneiden.

Die dritte Teigschicht auf einem Brett in Streifen teilen. Die einzelnen Teigblätter auf die letzte Cremeschicht legen und entlang der Schnittstellen mit einem scharfen Messer alle Schichten durchschneiden.

steif schlagen. Ein Viertel davon zum Verzieren beiseite stellen, den Rest vorsichtig unter die Käsemasse heben. Mit Salz und Pfeffer würzen. Die Creme in den Kühlschrank stellen.
7. Einen Blätterteigstreifen mit der Hälfte der Käse-Sahne-Creme bestreichen. Den zweiten Streifen daraufsetzen und mit der restlichen Masse bestreichen. Mit dem Schnittlauch bestreuen. Das dritte Teigblatt in 8 Streifen schneiden und auf die Creme legen. Mit einem scharfen Messer durch alle Schichten schneiden, so daß 8 Schnitten entstehen. Auf Teller anrichten.
Getränkeempfehlung: französischer Weißwein, vorzugsweise Tokay oder Gewürztraminer aus dem Elsaß

CARPACCIO VON RINDERFILET

FÜR 4 PERSONEN ■■
Zubereitungszeit:
20 Minuten
Anfrieren des Rinderfilets:
30 Minuten
Pro Portion:
320 kcal
29 g E, 21 g F, 0 g K

400 g zartes, gut abgehangenes Rinderfilet
4 EL Olivenöl
2–3 kleine Steinpilze oder 150 g frische, kleine Champignons
etwas Zitronensaft
100 g Parmesan
Salz
schwarzer Pfeffer aus der Mühle

1. Das Rinderfilet im Tiefkühlfach etwas anfrieren lassen.
2. Das Filet mit einem scharfen Messer oder auf der Brotschneidemaschine in hauchdünne kleine Scheiben schneiden. Jedes Scheibchen noch mit einem Fleischklopfer breitschlagen, so daß es papierdünn ist. Auf einer Platte ausbreiten. Mit dem Olivenöl übergießen und kurz in den Kühlschrank stellen.
3. Inzwischen die Pilze sorgfältig putzen und in dünne Scheiben schneiden. Sofort mit etwas Zitronensaft beträufeln.
4. Auf vier Tellern die Fleisch- und Pilzscheiben anrichten. Den Parmesan dünn darüberhobeln. Leicht salzen und mit etwas Pfeffer bestäuben.
Beilage: Baguette
Getränkeempfehlung: italienischer Weißwein, am besten Soave Classico

AMERIKANISCHER CLUB-SANDWICH

FÜR 1 PERSON ■
Zubereitungszeit:
15 Minuten
Pro Portion:
780 kcal
29 g E, 61 g F, 20 g K

150 g gebratene Hühnerbrust
2 Salatblätter
2 dünne Scheiben durchwachsener geräucherter Speck
2 Scheiben Toastbrot
1 EL Mayonnaise (selbstgemacht)
1 Tomate oder
1 Stück Salatgurke
Salz
schwarzer Pfeffer aus der Mühle

1. Die Hühnerbrust von den Knochen lösen, nach Belieben häuten und quer zur Faser in Scheiben schneiden. Die Salatblätter waschen und mit einem Tuch trockentupfen. Die Speckscheiben in einer trockenen Pfanne knusprig braten.

> **TIP** *Anstelle von Hühnerfleisch kann auch Putenbrust verwendet werden.*

2. Brot toasten und etwas abkühlen lassen. Eine Toastscheibe mit etwas Mayonnaise bestreichen und das Hühnerfleisch darauf anrichten. Die Salatblätter durch die restliche, glattgerührte Mayonnaise ziehen und das Hühnerfleisch damit bedekken. Tomaten- oder Gurkenscheiben darauflegen und mit Salz und Pfeffer bestreuen.
3. Das Sandwich mit den Speckscheiben und einer Scheibe Toast bedecken. Diagonal durchschneiden und mit Cocktailspießchen zusammenhalten.

VORSPEISE MIT MELONE, FEIGEN, SCHINKEN UND SALAMI

FÜR 4 PERSONEN ■
Zubereitungszeit:
20 Minuten
Kühlzeit:
2 Stunden
Pro Portion:
445 kcal
13 g E, 24 g F, 41 g K

1 große, reife Honig- oder Netzmelone
12 blaue oder grüne Feigen
150 g Parmaschinken, hauchdünn geschnitten
schwarzer Pfeffer aus der Mühle
100 g Mailänder Salami, hauchdünn geschnitten

1. Die Melone und die Feigen im Kühlschrank vorkühlen.
2. Danach die Melone halbieren, die Kerne mit einem Löffel herausholen und die Frucht in Achtel schneiden. Das Fleisch der Melone vorsichtig mit einem scharfen Messer von der unteren Schale lösen und wieder auf die Schale setzen.
3. Die Melonen und Schinkenscheiben auf einer Platte anrichten. Die Pfeffermühle dazu stellen.
4. Die Feigen über Kreuz oben einschneiden und die Haut vorsichtig ein Stückchen herunterziehen. Eine runde Platte mit einem Kranz von Salamischeiben auslegen und die Feigen in die Mitte geben.
Beilage: frisches Weißbrot
Getränkeempfehlung: Prosecco di Conegliano, am besten ein Superiore di Cartizze

SCHWEDISCHE HERINGSHAPPEN
Glasmästarsill

FÜR 4 PERSONEN ■
Zubereitungszeit:
30 Minuten
Marinierzeit:
2–3 Tage
Pro Portion:
280 kcal
14 g E, 10 g F, 25 g K

4 Matjesfilets oder Salzheringe
1 Ingwerwurzel
1 Stückchen Meerrettich
4 rote, mittelgroße Zwiebeln
1 Möhre
2 TL Senfkörner
3 Lorbeerblätter
¼ l guter Weinessig
⅛ l Wasser
80 g Zucker

1. Die Matjesfilets kurz abspülen. Auf saugfähigem Papier abtropfen lassen und in fingerbreite Streifen schneiden. Bei Verwendung von Salzheringen, diese waschen, enthäuten und über Nacht in kaltem Wasser wässern.
2. Ingwerwurzel, Meerrettich, Zwiebeln und Möhre schälen und in Scheiben schneiden.
3. Abwechselnd Hering, Gemüse und Gewürze schichtweise in einen hohen Steinguttopf oder ein entsprechend hohes Glas geben.
4. Essig, Wasser und Zucker aufkochen und die Marinade erkalten lassen. Über die Heringe in den Steintopf gießen. Den Topf zudecken und die Heringe mindestens zwei Tage an einem kühlen Ort ziehen lassen.
Beilage: Bauernbrot oder Roggenbrötchen
Getränkeempfehlung: eisgekühlter Aquavit

ARABISCHE KICHERERBSEN-CREME
Hummus bi tahina

FÜR 4 PERSONEN ■
Zubereitungszeit:
1 Stunde 30 Minuten
Einweichzeit:
8 Stunden oder über Nacht
Pro Portion:
305 kcal
14 g E, 14 g F, 29 g K

200 g Kichererbsen
4 Knoblauchzehen
4 EL Tahin (Sesampaste aus dem Reformhaus)
Saft von 1–2 Zitronen (je nach Geschmack)
Salz
2 EL Olivenöl

1. Die Kichererbsen 8 Stunden oder über Nacht einweichen.
2. Auf ein Sieb geben und abtropfen lassen. Einweichwasser wegschütten. Dann in einem Topf mit frischem Wasser bedeckt etwa 1 Stunde bei mittlerer Hitze auf dem Herd kochen, bis sie weich sind.
3. Die Kichererbsen und die abgezogenen Knoblauchzehen mit etwas Kochwasser in der Küchenmaschine zu einer dicken Paste pürieren. Tahin, Zitronensaft und Salz hinzufügen. Zu einer leichten Creme vermischen. Eventuell etwas Kochwasser darunterrühren, wenn die Creme zu dick ist.

> **TIP** *Die Vorspeise sollten Sie erst kurz vor dem Servieren anrichten, da das Püree an der Oberfläche schnell austrocknet.*

4. Die Creme auf eine flache Platte streichen oder in eine niedrige Schüssel füllen und mit dem Olivenöl beträufeln.
Beilage: Pittabrot (arabisches Flachbrot)

SMØRREBRØD
MIT RÄUCHERAAL

SMØRREBRØD MIT RÄUCHERAAL AUF RÜHREI

Nyrøget aal med røraeg

FÜR 4 PERSONEN	■
Zubereitungszeit:	
10 Minuten	
Pro Portion:	
610 kcal	
29 g E, 44 g F, 17 g K	

4 Scheiben Roggenbrot
50 g Butter
8 Eier
Salz
weißer Pfeffer aus der Mühle
1 kleiner Räucheraal (400 g)
Dill oder Schnittlauch zum Garnieren

1. Die Brote mit der Hälfte der Butter bestreichen. Die Eier mit etwas Salz und Pfeffer verquirlen.
2. Die Haut von dem Aal abziehen, in 4 Portionsstücke teilen und die Gräten herauslösen.
3. Die restliche Butter in einer Pfanne zerlassen, die Eimasse hineingeben und unter ständigem Rühren mit einem Holzlöffel ein lockeres Rührei zubereiten.
4. Das Rührei auf den Brotscheiben verteilen und den Aal diagonal darüberlegen. Mit frischem Dill oder Schnittlauch garnieren.
Getränkeempfehlung: klarer Schnaps oder Bier

> TIP *Nach dem gleichen Rezept wird Smørrebrød mit Krabben zubereitet. Sie werden kurz in Butter geschwenkt, bevor man sie auf das Rührei häuft.*

SUSHI

Snacks von Reis und gebeizten Fischen
Foto Seite 46

FÜR 6 PERSONEN	■ ■ ■
Zubereitungszeit:	
2 Stunden	
Pro Portion:	
185 kcal	
15 g E, 5 g F, 17 g K	

400 g gekochter Rundkorn- oder Klebereis
2 EL Essig (am besten Reisessig)
1 TL Zucker

BELAG
je 100 g ganz frischer Wolfsbarsch oder Dorade, Thunfisch, Makrele und Lachs, in hauchdünne Scheiben geschnitten
1 Ingwerwurzel
Meersalz
2 EL Essig
6 EL Sojasauce
1 EL Zucker
100 g Scampischwänze
100 g kleine Tintenfischbeutel

AUSSERDEM
3 Noriblätter (japanischer Seetang),
30 g Lachskaviar

1. Den noch warmen Reis in eine Schüssel geben. Essig und Zucker miteinander verrühren und kurz erwärmen, bis sich der Zucker aufgelöst hat. Mit dem Reis vermischen und diesen dann mit einem Tuch bedeckt völlig abkühlen lassen.
2. Die rohen Fischscheiben in Faserrichtung in dreifingerbreite Streifen schneiden. Die Ingwerwurzel schälen, einen Teil in Scheiben schneiden, den anderen raspeln. Salz, Essig und Ingwerscheiben vermischen und über die Fischstreifen geben. 1 Stunde im Kühlschrank beizen lassen.
3. Aus Sojasauce, Zucker, der geraspelter Ingwerwurzel und 4 Eßlöffeln Wasser eine leicht sirupartige Marinade kochen.

Auf einer Bastrolle wird die mit Fischstreifen belegte Reisrolle auf ein Noriblatt gelegt.

Das Noriblatt wird durch Aufrollen der Bastmatte fest um die Reisrolle gewickelt.

Die gekühlte Noriblatt-Reisrolle mit einem scharfen Messer in Scheiben schneiden.

4. Von den Scampischwänzen den schwarzen Darm an der Oberseite auslösen und die Scampi von unten her aufschneiden, so daß man sie auseinanderklappen kann. Die gründlich gewaschenen Tintenfischbeutel in Salzwasser knapp weichkochen, die Scampischwänze 3 Minuten in kochendem Salzwasser garen. Dann noch kurz in der Sojamarinade ziehen lassen. Die Scampi kann man auch – damit sie schön rosa bleiben – nur mit leicht gesüßtem Reisessig marinieren.
5. Aus einem Teil des Reises mit den Händen daumengroße Rollen formen und jede Rolle entweder mit einem Streifen Fisch an der Oberseite und den Seitenteilen einhüllen oder die Scampischwänze so in die Reisrolle drücken, daß der Reis ganz bedeckt ist. Die Tintenfische mit dem Reis füllen.
6. Je ein Noriblatt auf eine Bastmatte (notfalls tut es auch ein Küchentuch) legen, den restlichen Reis darauf ausbreiten, die restlichen Fischstreifen in die Mitte legen und aufrollen. Kaltstellen und wieder aus der Umhüllung herausrollen. Mit einem scharfen Messer in 3 dicke Scheiben schneiden, auf eine Platte mit der Schnittseite nach oben setzen, den Reis etwas zusammendrücken und den Lachskaviar darauf verteilen.
7. Die fertigen Sushi nach Farben geordnet in ein Lackkästchen oder auf eine runde Platte mit Rand setzen, mit ein paar spitz zurechtgeschnittenen dekorativen Blättern garnieren.
Beilage: eisgekühlte Sojasauce, die mit geraspelter Ingwerwurzel und nach Geschmack auch mit etwas Wasser vermischt werden kann.
Getränkeempfehlung: vor dem Essen der Sushi leicht angewärmter Reiswein, zu den Sushi Tee oder ein Bier

GEFÜLLTE WEINBLÄTTER
Yaprak Dolmasi

FÜR 4 PERSONEN ■
Zubereitungszeit:
1 Stunde 45 Minuten
Kühlzeit:
über Nacht
Pro Portion:
395 kcal
3 g E, 25 g F, 37 g K

50 Weinblätter
(frisch oder aus der Dose)
150 g Reis
4 kleine Zwiebeln
10 EL Olivenöl
3 EL gehackte Kräuter
(Minze, Petersilie, Dill)
2 EL Korinthen
Salz
Saft von 1 Zitrone

1. Die gewaschenen Weinblätter kurz mit kochendem Wasser überbrühen. Den Reis waschen, die Zwiebeln schälen und in kleine Würfel schneiden.
2. 8 Eßlöffel Öl in einem Topf erhitzen und die Zwiebelwürfel darin glasig braten. Den Reis hinzufügen, mit ½ l Wasser aufgießen und bei kleiner Hitze zugedeckt 20 Minuten ausquellen lassen. Dann die Kräuter und die Korinthen hinzufügen und mit Salz abschmecken.

> **TIP** *Besonders kernig und leicht nussig schmeckt das Gericht mit Naturreis. Die Quellzeit verlängert sich dann um 15 Minuten.*

3. Die glatte Seite der Weinblätter nach außen legen, bei kleinen Weinblättern immer zwei zusammenlegen. In die Mitte der Blätter je einen gehäuften Teelöffel Reisfüllung legen, die Blätter wie ein Kuvert zusammenfalten und aufrollen, evtl. mit einem

Jeweils einen gehäuften Teelöffel Reisfüllung auf ein Weinblatt geben. Erst die beiden Seiten des Blatts einschlagen, dann das gefüllte Blatt zu einem Päckchen rollen.

Mit einer Mischung aus Öl, Wasser, Zitronensaft und Salz werden die Weinblätter gekocht.

Baumwollfaden umwikkeln.
4. Einen Topf mit den restlichen Weinblättern auslegen, die Blätterpäckchen eng neben- und übereinander hineinlegen. Mit einer Mischung aus dem restlichen Öl, ½ l Wasser, Salz und Zitronensaft übergießen. Die Blätter mit einem Teller bedecken und den Topf mit einem Deckel verschließen.
5. Die Weinblätter bei leichter Hitze etwa 45 Minuten kochen lassen, bis sämtliche Flüssigkeit aufgesogen ist. Über Nacht kühl stellen.
Beilage: Stangenweißbrot
Getränkeempfehlung: gut gekühlter Retsina

BLINIS MIT LACHSTATAR

FÜR 4 PERSONEN ■■
Zubereitungszeit:
45 Minuten
Ruhezeit: über Nacht
Pro Portion:
705 kcal
23 g E, 50 g F, 33 g K

BLINIS
100 g Buchweizenmehl
50 g Weizenmehl
Salz
¼ l Milch
10 g frische Hefe
3 EL flüssige Butter
2 Eier, getrennt
Fett zum Braten

LACHSTATAR
300 g frischer Wildlachs,
in Scheiben geschnitten
2 große Frühlingszwiebeln
1 TL rosa oder schwarze
Pfefferkörner
3 EL Traubenkernöl
oder Olivenöl
1 EL Aceto Balsamico
oder Zitronensaft

AUSSERDEM
flüssige Butter

1. Für die Blinis das Buchweizenmehl mit dem Weizenmehl und dem Salz in einer Schüssel vermischen. Die Hefe in einer Tasse lauwarmer Milch ganz auflösen. Mit der restlichen lauwarmen Milch, der flüssigen Butter und den Eigelb zu dem Mehlgemisch geben und gut miteinander verrühren. Zugedeckt an einem kühlen Ort über Nacht gehen lassen.
2. Am nächsten Tag den Teig nochmals kräftig durchschlagen. Die Eiweiß steif schlagen und unter den Teig ziehen.
3. In einer kleinen Pfanne das Fett erhitzen und mit einem Schöpflöffel je eine kleine Menge Teig in die Pfanne gießen. Goldgelb backen, wenden und die zweite Seite ebenso bakken.
4. Die fertigen Blinis zwischen zwei Tellern warmhalten und auf einen Topf mit kochendem Wasser stellen. Dann weiterbakken, bis der Teig aufgebraucht ist.
5. Für das Tatar die Fischscheiben waschen, trockentupfen und von allen Gräten befreien. Mit einem schweren Küchen-

> **TIP** *Anstelle von frischem Lachs kann man auch ein Tatar aus Räucherlachs oder ein Heringstatar zu den Blinis geben. Blini lassen sich auch auf Vorrat backen und einfrieren. Bei Bedarf werden sie in wenigen Minuten im Backofen aufgebakken und schmecken wie frische.*

messer fein hacken. Den weißen Teil der Frühlingszwiebeln würfeln, den grünen Teil in Ringe schneiden. Die Pfefferkörner im Mörser zerstoßen. Alle Zutaten, bis auf die grünen Zwiebelringe, gründlich zu einem Tatar vermischen. Blini, Tatar und die Zwiebelringe anrichten.
6. Am Tisch werden die Blini mit etwas flüssiger Butter bepinselt, dann mit einem Häufchen Lachstatar belegt und mit den Zwiebelringen garniert.
Beilage: Crème fraîche
Getränkeempfehlung: eisgekühlter Wodka

CHINESISCHE FRÜHLINGS-ROLLEN

Chinese spring rolls

FÜR 4 PERSONEN ■■
Zubereitungszeit:
1 Stunde
Pro Portion:
650 kcal
23 g E, 38 g F, 48 g K

1 Packung tiefgekühlte Teigblätter für Frühlingsrollen (250 g)

FÜLLUNG
1 Knoblauchzehe
2 EL Öl
150 g gemischtes Hackfleisch
50 g Krabben
100 g Sojabohnensprossen
2 Frühlingszwiebeln
100 g Chinakohl
2 EL Sojasauce
1 TL Zucker
1 EL Sherry
Salz
schwarzer Pfeffer aus der Mühle

AUSSERDEM
Öl zum Ausbacken
Mehl und Wasser zum Verkleben der Rollen

1. Die Teigblätter auftauen lassen.
2. Für die Füllung die geschälte Knoblauchzehe fein hacken. Das Öl in einer Pfanne erhitzen und die Knoblauchwürfel darin glasig braten. Das Hackfleisch hinzufügen und kurz durchrösten. Dann die Krabben und die verlesenen Sojabohnensprossen in die Pfanne geben und noch ein paar Minuten mit durchbraten.
3. Die Frühlingszwiebeln und den Chinakohl putzen. Die Zwiebeln in Scheiben schneiden, den Kohl in ganz feine Streifen. Beides mit dem Hack vermischen. Die restlichen Zutaten verquirlen und in die Pfanne gießen. Alles gut verrühren und die Füllung abkühlen lassen.
4. In einem großen Topf oder in einer Friteuse reichlich Öl auf 175 °C erhitzen. Auf jedes Teigblatt zwei Eßlöffel Füllung geben. Die Seiten einschlagen und aufrollen. Den oberen Rand mit etwas angerührtem Mehl verkleben.
6. Je 2 bis 3 Frühlingsrollen in dem heißen Öl ausbacken, bis die Teighülle knusprig ist. Auf saugfähigem Küchenpapier abtropfen lassen. Heiß servieren.
Beilage: Gewürzsaucen wie Sojasauce, Sambal Olek, Chili-Öl.
Getränkeempfehlung: Bier oder chinesischer Tee

Alle Zutaten für die Füllung werden in einer Pfanne gegart.

Zwei Eßlöffel von der Füllung reichen für eine Frühlingsrolle.

Die Seiten des Teigs werden eingeschlagen, dann der Pfannkuchen aufgerollt.

AUSGEBACKENE AUBERGINEN-SCHEIBEN

Melanzane fritte

FÜR 4 PERSONEN ■
Zubereitungszeit:
40 Minuten
Pro Portion:
320 kcal
6 g E, 16 g F, 28 g K

4 längliche, junge Auberginen (ca. 700 g)
Salz
100 g Mehl
¼ l Weißwein
2 EL Olivenöl
1 Eiweiß
Olivenöl zum Ausbacken
Saft von 1 Zitrone

1. Die Auberginen in Scheiben schneiden. Auf einen Teller legen, leicht salzen und mit einem zweiten Teller zudecken. 30 Minuten ziehen lassen.
2. Inzwischen Mehl und Salz in eine Schüssel geben, den Wein und das Olivenöl hinzufügen und alles mit einem Schneebesen glattrühren. Das Eiweiß zu sehr steifem Eischnee schlagen und unter den Teig ziehen.
3. In einer hochwandigen Pfanne reichlich Olivenöl erhitzen.
4. Das bittere Wasser von den Auberginenscheiben abgießen und das Gemüse mit Küchenpapier gut trockentupfen.
5. Die Auberginenscheiben in den Teig tauchen und von beiden Seiten in dem Öl goldbraun backen. Mit einem Schaumlöffel herausheben und auf Küchenpapier abtropfen lassen. Mit Zitronensaft beträufeln und sofort servieren.
Getränkeempfehlung: Aperitif

Den Eischnee vorsichtig unter den Teig ziehen.

Die Auberginenscheiben in den Teig tauchen und sofort ausbacken.

TIP *Teighüllen für Frühlingsrollen gibt es mittlerweile in allen Lebensmittelabteilungen der Kaufhäuser fertig zu kaufen. Man kann aber auch aus 250 g Mehl, Salz, 2 Eiern und 15 cl Wasser einen Teig bereiten und daraus hauchdünne Pfannkuchen backen, die dann ebenfalls nach dem Füllen fritiert werden.*

RUSSISCHE KOHLPIROGGEN

FÜR 8–10 PERSONEN ■
Zubereitungszeit:
45 Minuten
Pro Portion bei 8 Personen:
470 kcal
6 g E, 37 g F, 24 g K

2 Pakete tiefgekühlter Blätterteig (à 300 g)
½ kleiner Kopf Weißkohl
50 g geräucherter durchwachsener Speck
2 EL Schmalz
½ TL Kümmel
Salz
schwarzer Pfeffer aus der Mühle
frischgeriebene Muskatnuß
3 EL saure Sahne
2 hartgekochte Eier
Mehl zum Ausrollen
1 Eigelb zum Bestreichen

1. Den Blätterteig 20 Minuten auftauen lassen.
2. Den Kohl von den harten Rippen befreien und in sehr feine Streifen schneiden, den Speck in kleine Würfel.
3. In einer Pfanne das Schmalz erhitzen und die Speckwürfel darin glasig braten. Den Kümmel hinzufügen.

> TIP *Kohlpiroggen lassen sich auch gut mit einem salzigen Hefeteig zubereiten.*

4. Die Kohlstreifen waschen und tropfnaß in die Pfanne mit dem Speck geben. Bei schwacher Hitze unter ständigem Rühren weich dünsten.
5. Den Kohl herzhaft mit Salz, Pfeffer und Muskat würzen und die saure Sahne untermischen. Weiterkochen lassen, bis die Flüssigkeit verdampft ist. Die Eier schälen, klein hacken und mit dem Kohl vermischen. Die Füllung abkühlen lassen.
6. Den Backofen auf

Auf eine Hälfte der Blätterteigplätzchen etwas Füllung geben. Mit der anderen Hälfte den Belag abdecken und die Piroggen leicht in Halbmondform biegen.

Die Ränder der Teigtaschen mit einer Gabel gut aneinander drücken. So entsteht gleich ein dekorativer Saum.

225 °C vorheizen. Das Backblech kalt abspülen.
7. Den Blätterteig auf einem bemehlten Brett ausrollen und mit einem Glas Kreise von 8 cm Durchmesser ausstechen. In die Mitte der Plätzchen mit einem Löffel etwas Füllung geben und die Teigkreise halbmondförmig zusammenschlagen. Die Ränder mit einer Gabel gut festdrücken.
8. Die Teigtaschen auf das Blech setzen. Mit dem mit etwas Wasser verquirlten Eigelb bestreichen. Das Blech auf die mittlere Schiene des Backofens schieben und die Piroggen in 20 Minuten goldgelb backen.

CHINESISCHE KRABBEN-HÄPPCHEN MIT SESAM

Fried shrimps on croûtons

FÜR 4 PERSONEN ■
Zubereitungszeit:
20 Minuten
Pro Portion:
380 kcal
19 g E, 20 g F, 28 g K

200 g ausgelöste Krabben
½ TL Salz
2 TL Speisestärke
1 EL Wasser
2 Eiweiß
3 Baguettebrötchen vom Vortag
70 g Sesamkörner
Öl zum Ausbacken

1. Das Krabbenfleisch in einer Küchenmaschine nicht zu fein pürieren. Mit Salz, Speisestärke und Wasser vermischen. Die Eiweiße steif schlagen und gründlich unter das Krabbenpüree rühren.
2. Die Brötchen in dünne Scheiben schneiden. Jede Scheibe dick mit der Krabbenpaste bestreichen und von allen Seiten in den Sesamkörnern wenden.

> TIP *Anstelle von Krabben kann man auch Garnelen für dieses Rezept verwenden.*

3. Reichlich Öl in einer Pfanne erhitzen. Die Krabbenhäppchen in dem Öl – mit der Brotseite nach oben – 1 Minute ausbacken, wenden und eine weitere Minute backen. Aus dem Fett nehmen und abtropfen lassen. Heiß auftragen.

FRANZÖSISCHE SCHINKEN-BEIGNETS

Beignets au jambon

FÜR 4 PERSONEN ■
Zubereitungszeit:
30 Minuten
Pro Portion:
575 kcal
26 g E, 37 g F, 28 g K

¼ l Wasser
50 g Butter
1 Prise Salz
150 g Mehl
5 Eier
200 g magerer gekochter Schinken
50 g frischgeriebener Parmesan
weißer Pfeffer aus der Mühle
frischgeriebene Muskatnuß
Fett zum Ausbacken

1. Das Wasser mit der Butter und dem Salz in einem Topf aufkochen. Das Mehl auf einmal in die kochende Flüssigkeit schütten. Bei schwacher Hitze mit einem hölzernen Kochlöffel rühren, bis sich der Teigkloß vom Topfboden löst. Vom Herd nehmen und unter Rühren sofort ein Ei nach dem anderen hinzufügen.
2. Den Schinken in kleine Würfel schneiden. Die Schinkenwürfel und den Parmesan gründlich mit dem Teig verrühren und mit Pfeffer und Muskat würzen.
3. Das Ausbackfett in einer Friteuse oder in einem Eisentopf auf 175 °C erhitzen.
4. Mit zwei feuchten Löffeln aus dem Teig kleine Klößchen abstechen und nach und nach in dem heißen Fett goldbraun ausbacken. Gut abtropfen lassen und sofort servieren.

LEONARD

SPANISCHE THUNFISCHKROKETTEN

SPANISCHE THUNFISCH-KROKETTEN

Croquetas de atùn

FÜR 6 PERSONEN ■■
Zubereitungszeit:
25 Minuten
Ruhezeit:
6 Stunden
Pro Portion:
395 kcal
18 g E, 29 g F, 10 g K

1 Dose Thunfisch (400 g)	
4 EL Olivenöl	
4 EL Mehl	
¼ l Milch	
Salz	
schwarzer Pfeffer aus der Mühle	
2 Eier	
2 EL Semmelbrösel	
Öl zum Backen	
Zitronenachtel zum Anrichten	

1. Den Thunfisch auf einem Sieb gut abtropfen lassen.

2. Das Öl in einem Topf erhitzen, das Mehl hinzufügen und hellgelb anrösten. Unter Rühren mit einem Schneebesen nach und nach die Milch hinzufügen. Einkochen lassen, bis eine dickliche Sauce entsteht.

3. Den Thunfisch mit zwei Gabeln in kleine Stückchen zerpflücken und unter die Sauce rühren. Herzhaft mit Salz und Pfeffer würzen. Die Masse mindestens 6 Stunden, besser über Nacht, stehenlassen.

4. Mit zwei Teelöffeln aus dem Teig Kugeln stechen und zu länglichen Kroketten formen. Die Eier in einem Teller verquirlen. Die Kroketten zuerst in Ei wälzen, dann in den Semmelbröseln wenden.

5. In einer Pfanne reichlich Öl erhitzen. Die Kroketten darin von allen Seiten goldbraun braten. Dann auf Küchenpapier abtropfen lassen und mit Zitronenachteln servieren.

Getränkeempfehlung: trockener Sherry

Den Thunfisch in kleine Stückchen zerpflücken und unter die eingedickte Sauce rühren.

Nach mindestens 6 Stunden Ruhezeit lassen sich aus dem Thunfischteig längliche Kroketten formen.

Vor dem Braten die Kroketten in Ei und Semmelbröseln wenden.

JAPANISCHE TEMPURA

Ausgebackene Meeresfrüchte und Gemüse

FÜR 6 PERSONEN ■■
Zubereitungszeit:
1 Stunde 30 Minuten
Pro Portion:
405 kcal
40 g E, 13 g F, 23 g K

6 ausgelöste Garnelenschwänze
4 Doradenfilets
einige Jakobsmuscheln
1 Aubergine oder 2 Zucchini
einige Champignons
3 kleine Frühlingszwiebeln
6 Spargelspitzen
Öl zum Ausbacken

AUSBACKTEIG
1 Ei
0,2 l Wasser
125 g Mehl

DIP
⅛ l Fischfond (aus dem Glas)
8 EL Sojasauce
6 EL Sake (japanischer Reiswein)
1 EL Zucker
1 Stück frische Ingwerwurzel

1. Von den Garnelen mit einem spitzen Messer den kleinen schwarzen Dorn entfernen. Die Doradenfilets in feine Streifen schneiden und die Jakobsmuscheln waschen und trockentupfen.

2. Die Aubergine oder die Zucchini in Scheiben schneiden, die Champignons putzen, waschen und ebenfalls in Scheiben schneiden. Die Frühlingszwiebeln der Länge nach halbieren, die Spargelspitzen waschen und abtrocknen. Die Gemüse kühlstellen.

3. Für den Ausbackteig Ei, Wasser und Mehl verrühren. Den Teig etwas ruhen lassen, bis das Mehl ausgequollen ist.

4. Für den Dip den Fischfond, Sojasauce, Sake und Zucker miteinander verrühren. Die geschälte Ingwerwurzel sehr klein schneiden und unter die Sauce rühren.

5. Reichlich Öl in einem Wok oder einem Schmortopf erhitzen.

6. Nacheinander die Krustentiere, Fischfilets und das Gemüse in den Teig tauchen und in dem Öl goldbraun backen. Auf einer Platte anrichten.

7. Die Sauce erhitzen und in sechs kleine Schälchen füllen. Jeder taucht bei Tisch die knusprige Tempura in die Sauce.

Getränkeempfehlung: Bier oder chinesischer Tee

Die Zutaten für eine Tempura lassen sich sehr dekorativ anrichten.

Krustentiere, Fische und Gemüse werden nacheinander in den Teig getaucht und in Öl knusprig gebacken.

MALLORQUINISCHE ZWIEBELHÄPPCHEN

Tapas de cebollas

FÜR 4 PERSONEN ■
Zubereitungszeit:
15 Minuten
Pro Portion:
285 kcal
11 g E, 20 g F, 12 g K

4 mittelgroße, milde Zwiebeln
4 Scheiben Toastbrot
2 EL Butter
2 EL Mayonnaise (selbstgemacht)
150 g mittelalter Gouda oder Bergkäse, frisch gerieben

1. Den Backofen auf 200 °C vorheizen.
2. Die geschälten Zwiebeln in dünne Scheiben schneiden. Die Toastscheiben diagonal durchschneiden, mit Butter bestreichen und mit den Zwiebelringen belegen. Mit Mayonnaise bestreichen und mit dem geriebenen Käse bestreuen.
3. Die Zwiebelhäppchen auf eine feuerfeste Platte legen und im Backofen überbacken, bis der Käse goldgelb ist. Sofort servieren.
Getränkeempfehlung: Sherry

> TIP *Tapas sind kleine spanische Vorspeisen aus Fisch, Fleisch und Gemüse, die zum Sherry gegessen werden.*

WEINBERGSCHNECKEN – BURGUNDER ART

Escargots à la bourguignonne

FÜR 4 PERSONEN ■
Zubereitungszeit:
20 Minuten
Pro Portion:
635 kcal
11 g E, 63 g F, 3 g K

48 Weinbergschnecken (mit Schneckenhaus)

KNOBLAUCHBUTTER
4 Schalotten
2 Knoblauchzehen
1 Bund Petersilie
1 TL Salz
schwarzer Pfeffer aus der Mühle
300 g Butter

1. Den Backofen auf 230 °C vorheizen.
2. Für die Knoblauchbutter die geschälten Schalotten in Würfel schneiden, dann mit einem Wiegemesser ganz fein hacken. Die Knoblauchzehen schälen und in einem Mörser zerdrücken. Die Petersilie fein wiegen. Alle Zutaten mit den Gewürzen und der weichen Butter vermischen.
3. In jedes Schneckenhaus eine Messerspitze der Knoblauchbutter und eine Schnecke geben. Das Gehäuse mit der Butter zuschmieren.

> TIP *Weinbergschnecken mit den Schneckengehäusen gibt es sowohl tiefgekühlt als auch konserviert fertig zu kaufen.*
> *Wer den Knoblauchduft nicht scheut, kann 1–2 Zehen mehr für die Schneckenbutter nehmen.*

In die leeren Schneckenhäuser zuerst etwas Knoblauchbutter füllen, dann die Schnecken dazugeben.

Die Schneckenhäuser vor dem Backen gut mit der Knoblauchbutter verschließen.

4. Die gefüllten Schneckenhäuser auf Schneckenteller oder eine große, mit Salz aufgeschüttete, feuerfeste Platte legen und im Backofen auf der mittleren Schiene 6 Minuten erhitzen.
Beilage: frisches Stangenweißbrot
Getränkeempfehlung: trockener Riesling aus dem Elsaß

GRIECHISCHER HIRTENSALAT

Choriatiki salata

FÜR 4 PERSONEN ■
Zubereitungszeit:
20 Minuten
Pro Portion:
345 kcal
12 g E, 28 g F, 17 g K

1 Kopf grüner Salat
2 rote oder grüne Paprikaschoten
100 g schwarze Oliven
6 kleine Tomaten (ca. 500 g)
200 g Feta (griechischer Schafskäse)
2 kleine Zwiebeln
1 Salatgurke

SAUCE
1 EL Weinessig
Salz
schwarzer Pfeffer aus der Mühle
4 EL Olivenöl

1. Die gewaschenen Salatblätter im Salatsieb trockenschleudern und in mundgerechte Stücke zerteilen. Die gewaschenen Paprikaschoten entkernen und in Streifen schneiden, die Tomaten vierteln. Den Käse in große Würfel schneiden. Die Oliven entsteinen. Die geschälten Zwiebeln in Scheiben, die gewaschene Gurke der Länge nach in Streifen schneiden.
2. Alle Salatzutaten in einer Schüssel miteinander vermischen.
3. Für die Sauce erst den Essig mit Salz und Pfeffer verrühren, bis sich das Salz aufgelöst hat. Dann das Öl unterschlagen. Die Sauce kurz vor dem Auftragen über dem Salat verteilen.
Beilage: ofenfrisches Stangenweißbrot
Getränkeempfehlung: trockener Landwein

AVOCADO-KÄSE-
SALAT

BOHNENSALAT – NOUVELLE CUISINE

Salade de harricots verts e foie gras

FÜR 4 PERSONEN ■
Zubereitungszeit:
30 Minuten
Pro Portion:
205 kcal
7 g E, 16 g F, 7 g K

SALAT
350 g ganz zarte grüne Bohnen (harricots verts)
½ TL Salz
24 Spargelspitzen (frisch oder aus der Dose)
8 schöne Salatblätter
1–2 schwarze Trüffeln
4 Scheiben Gänseleberparfait (je ca. 50 g) (vom Feinkosthändler)

VINAIGRETTE
2 TL Zitronensaft
Salz
weißer Pfeffer aus der Mühle
2 EL Erdnußöl
2 EL Olivenöl
2 TL Sherry- oder Weinessig
2 TL gehackter Kerbel
2 TL gehackter Estragon

1. Die Bohnen waschen und Spitze und Stielende abschneiden. Reichlich Wasser mit dem Salz zum Kochen bringen und die Bohnen darin je nach Größe in 5–8 Minuten al dente kochen.

TIP *Frische Trüffeln sind ist nicht immer erhältlich, außerdem sündhaft teuer. Sie können den Salat auch mit grob gehackten Trüffelstückchen von Dosentrüffeln bestreuen.*

2. Mit einem Schaumlöffel herausnehmen und für einige Sekunden in eine Schüssel mit eisgekühltem Wasser geben. Dann auf einem Sieb abtropfen lassen.
3. Frische Spargelspitzen nach der gleichen Kochmethode zubereiten, Spargelspitzen aus der Dose nur auf einem Sieb abtropfen lassen.
4. Die Salatblätter waschen. Die Trüffel putzen, in Scheiben schneiden und in eine Schüssel geben.
5. Für die Vinaigrette den Zitronensaft mit Salz und Pfeffer gründlich vermischen und unter Rühren mit einem Schneebesen beide Ölsorten hinzufügen. Zum Schluß den Essig und die Kräuter an die Vinaigrette geben.
6. Eine Salatplatte mit den Salatblättern auslegen. Die Bohnen und die Spargelspitzen daneben anrichten. Einen Löffel der Vinaigrette zu den Trüffelscheiben geben, die restliche Vinaigrette über den Salat gießen.
7. Die Gänseleberscheiben in die Mitte des Salats legen und mit den Trüffelscheiben garnieren. Sofort servieren.
Getränkeempfehlung: Champagner

ZWIEBEL-PLÄTZCHEN JÜDISCHE ART

Pletzel

FÜR 10 PERSONEN ■
Zubereitungszeit:
20 Minuten
Ruhezeit:
1 Stunde 15 Minuten
Pro Stück:
200 kcal
5 g E, 6 g F, 30 g K

400 g Mehl
2 TL Salz
25 g frische Hefe
¼ l Wasser
3 EL Öl
Mehl zum Ausrollen
Butter für das Backblech
2 Eigelb
2 große Zwiebeln
Mohn zum Bestreuen

Aus dem 1 cm dicken Teig Plätzchen von etwa 5 cm Durchmesser ausstechen.

1. Das Mehl in einer Schüssel mit dem Salz vermischen. In die Mitte eine Vertiefung drücken. Die Hefe hineinbröckeln und mit der Hälfte des Wassers und etwas Mehl zu einem Vorteig verrühren. Zugedeckt an einem warmen Ort 20 Minuten aufgehen lassen.
2. Mit dem restlichen Mehl, dem lauwarmen Öl und dem restlichen Wasser zu einem glatten Teig verrühren und so lange schlagen, bis er sich vom Schüsselboden löst. Zugedeckt 40 Minuten an einem warmen Ort aufgehen lassen.
3. Den aufgegangenen Teig auf einem bemehlten Brett 1 cm dick ausrollen und Plätzchen von 5 cm Durchmesser ausstechen. Auf das gefettete Backblech legen und mit den verquirlten Eigelben bestreichen.
4. Den Backofen auf 200 °C vorheizen.
5. Die geschälten Zwiebeln fein hacken, gleichmäßig auf den Plätzchen verteilen und etwas in den Teig drücken. Mit Mohn bestreuen. Zugedeckt noch einmal 15 Minuten gehen lassen.
6. Die Plätzchen auf die mittlere Schiene in den Backofen schieben und in etwa 20 Minuten goldbraun backen. Warm oder kalt servieren.
Beilage: eine bunte Salatschüssel

AVOCADO-KÄSE-SALAT

FÜR 4 PERSONEN ■
Zubereitungszeit:
20 Minuten
Pro Portion:
405 kcal
20 g E, 32 g F, 6 g K

100 g Feldsalat
1 Apfel
100 g Champignons
1 reife Avocado
Saft von 1 Zitrone
200 g frischer Parmesan (im Stück)
1 Bund Dill

SAUCE
2 EL Weinessig
1 TL Senf
Salz
schwarzer Pfeffer aus der Mühle
2 EL Olivenöl
3 EL Crème fraîche

1. Von dem Feldsalat die welken Blätter entfernen, die Wurzelenden abschneiden und den Salat gründlich waschen.
2. Den Apfel schälen, vierteln, das Kerngehäuse entfernen und in Streifen schneiden. Die Champignons putzen, waschen und in dünne Scheiben schneiden. Die Avocado halbieren, den Kern herauslösen und die Haut abziehen. Das Avocadofleisch ebenfalls in Scheiben schneiden. Apfelstreifen, Champignon- und Avocadoscheiben mit Zitronensaft beträufeln. Den Parmesan in Stücke brechen.
3. Für die Salatsauce Essig und Senf miteinander vermischen. Unter Rühren mit einem Schneebesen Salz und Pfeffer, Öl und Crème fraîche hinzugeben.
4. Die Salatzutaten auf Tellern anrichten und mit der Sauce übergießen. Den Dill mit einer Schere kleinschneiden und den Salat damit dekorieren.
Beilage: Roggenbrötchen oder Vollkornbrot

Gewiß, es muß nicht immer Gänseleber sein. Doch wer würde eine Terrine, die zu den Spitzenleistungen der Haute Cuisine zählt und mit frischem Brioche im großen Menü zu einem Entrée der Sonderklasse werden kann, zurückweisen?
Aber selbst in der Feinschmeckerküche gibt es so schnelle und so gesunde Snacks wie Zitrussalat mit Oliven und Zwiebeln, Pilzcrêpes mit frischen Kräutern oder Wintersalat mit Chicorée und Äpfeln.
Mit kreativer Phantasie sind hier Rezepte zusammengetragen, die einen Salat oder den kleinen Imbiß zum Erlebnis werden lassen.
Knackfrische Zutaten wie Löwenzahn, Spinat, Avocado und Chinakohl – kombiniert mit Garnelen und Scampi, Wachtelei und Blauschimmelkäse – ergeben kleine Gerichte, die einfach, schnell zubereitet und doch mit Raffinement komponiert sind.
Es lohnt sich also, einen Blick ins folgende Kapitel zu werfen und sich ein Kalbsbries oder Entenleber auf der Zunge zergehen zu lassen.

Fischcocktail (Rezept Seite 70)

BLÄTTERTEIG-KRAPFEN MIT SPARGEL UND GÄNSELEBER-PARFAIT

FÜR 6–8 PERSONEN ALS APERITIFBEILAGE ■■
Zubereitungszeit: 50 Minuten
Pro Portion bei 6 Personen 505 kcal
9 g E, 39 g F, 26 g K

Salz
10 g Butter
1 TL Zucker
500 g grüner oder weißer Spargel
500 g tiefgekühlter Blätterteig
100 g Gänseleberparfait (vom Feinkosthändler)
1 Eiweiß
2 Eigelb
2 EL Sahne

1. 1½ l Wasser mit Salz, Butter und Zucker in einem hohen Topf aufkochen. Den Spargel nach Bedarf schälen und die holzigen Teile wegschneiden. In 15–20 Minuten garen. Etwas abkühlen lassen, dann abgießen.
2. Den Backofen auf 220 °C vorheizen.
3. Den Blätterteig 3 mm dick zu einem Rechteck von 12 cm Breite ausrollen. In Quadrate von 6 cm Seitenlänge schneiden. Alle Teigstücke mit etwas Gänseleberparfait bestreichen. Dabei einen Rand von 1 cm frei lassen.
4. Die abgetropften Spargelstangen in kleine Stücke schneiden und auf die Hälfte der Teigquadrate verteilen. Die Teigränder mit dem leicht verquirlten Eiweiß bestreichen. Die restlichen Teigplätzchen darauflegen und ringsum gut andrücken. Mit Hilfe einer klassischen Gabel eine Dekoration auf den Teigrändern anbringen.
5. Ein Backblech mit Backfolie auslegen. Die Krapfen daraufsetzen. Das Eigelb mit der Sahne mischen. Die Krapfen mit einer Gabel mehrmals einstechen und mit der Eiersahne bestreichen.
6. Das Blech auf die mittlere Schiene des Backofens schieben. Die Krapfen ca. 15 Minuten backen und dann lauwarm servieren.
Beilage: zusammen mit anderen Snacks servieren
Getränkeempfehlung: Champagner, Sekt oder trockener Weißwein, z. B. Chablis, Meursault oder Chassagne Montrachet (weiße Burgunderweine)

Den Blätterteig nach dem Auswellen in Quadrate schneiden.

In die Mitte jedes Teigstücks etwas Gänseleberparfait streichen.

Kleine Spargelstückchen auf die Hälfte der Quadrate legen. Die andere Hälfte darauf klappen. Die Ränder gut andrücken.

Vor dem Backen mit einer Gabel kleine Muster in die Plätzchen stechen.

> TIP – *Ziemlich schnell ist diese feine Vorspeise zubereitet, wenn man tiefgefrorenen Blätterteig, der bereits zu Platten ausgerollt ist, verwendet.*

SPARGELSALAT MIT KALBSBRIES

FÜR 4 PERSONEN ■■
Zubereitungszeit: 35 Minuten
Zeit zum Wässern: 2 Stunden
Pro Portion: 205 kcal
15 g E, 14 g F, 3 g K

250 g Kalbsbries
1 Ei
8 Stangen grüner Spargel
4 Stangen weißer Spargel
Salz
1 TL Zucker
25 g Butter
½ l Fleischbrühe
1 mittelgroße Zwiebel
½ Lorbeerblatt
1 Gewürznelke
1 EL Kerbel, gehackt
1 TL Petersilie, gehackt

VINAIGRETTE
1 EL Honigessig
2 EL Haselnußöl
Salz
weißer Pfeffer aus der Mühle

1. Das Kalbsbries in kaltes Wasser legen und mindestens 2 Stunden wässern.
2. Das Ei 9 Minuten kochen, anschließend abschrecken. Die Spargelstangen schälen und die holzigen Enden großzügig abschneiden. Inzwischen 1 l Salzwasser erhitzen und Zucker, 10 g Butter und den Spargel hinzufügen. 15–20 Minuten kochen. Der Spargel soll noch Biß haben.
3. Die Fleischbrühe inzwischen in einem kleinen Topf aufkochen. Die Zwiebel schälen und mit dem Lorbeerblatt und der Nelke spicken. Mit dem Bries in die kochende Brühe geben und 6 Minuten bei schwacher Hitze ziehen lassen. Im Sud erkalten lassen.
4. Den Spargel abgießen. Die Spitzen abschneiden und die Stangen in 2 cm lange Stücke schneiden.
5. Für die Vinaigrette den Honigessig mit dem Haselnußöl gut verrühren. Mit Salz und Pfeffer abschmecken.
Die Spargelstücke mit ⅔ der Vinaigrette mischen. Auf 4 Tellern anrichten und die Spargelspitzen darüberlegen. Die restliche Vinaigrette darüberträufeln. Das Ei schälen und hacken.
6. Das Kalbsbries aus dem Sud nehmen, häuten und von allen Unreinheiten befreien. Mit Küchenpapier trockentupfen. Das Bries in 3–4 cm dicke Scheiben schneiden. Die restliche Butter erhitzen und die Briesscheiben darin auf beiden Seiten etwas anziehen lassen. Noch warm mit dem Salat anrichten. Das Ganze mit Kräutern und gehacktem Ei bestreuen.
Beilage: knuspriges Bauern- oder Roggenbrot
Getränkeempfehlung: Riesling oder Johannisberger (Silvaner aus dem Wallis)

BLÄTTERTEIGKRAPFEN
MIT SPARGEL UND GÄNSELEBERPARFAIT

GEFÜLLTE ARTISCHOCKEN MIT MORCHELN

FÜR 4 PERSONEN	■■■
Zubereitungszeit:	
1 Stunde 20 Minuten	
Pro Portion:	
530 kcal	
13 g E, 39 g F, 26 g K	

100 g gekochter Schinken
30 g getrocknete Morcheln
0,2 l Hühnerbrühe
150 g tiefgekühlter Blätterteig
4 große Artischocken
1 Zitrone
Salz
1 Eigelb
1 EL Sesamsamen
200 g Sahne
2 EL Butter
4 EL trockener Sherry
weißer Pfeffer aus der Mühle
½ TL Majoran, gehackt
1 Prise Cayennepfeffer

1. Den Schinken in feine Streifen schneiden. Die Morcheln mehrmals gründlich unter fließendem Wasser waschen, in eine Schüssel legen und mit der Hühnerbruhe begießen.
2. Den Backofen auf 220 °C vorheizen. Den Blätterteig auftauen.
3. Die Stiele der Artischocken knapp unter dem Artischockenboden abbrechen. Den Rest der Stiele so abschneiden, daß die Artischocken gut stehen. Die äußeren, zähen Blätter mit einer Schere wegschneiden. Das obere Viertel der Artischockenblätter mit einem scharfen Messer entfernen. Alle Schnittflächen mit der halbierten Zitrone einreiben.
4. 3 Liter Salzwasser aufkochen. Die Artischocken mit den Blättern nach unten hineingeben. 30–35 Minuten bei mittlerer Hitze zugedeckt kochen. (Die Kochzeit hängt von der Größe und Qualität der Artischocken ab. Wenn sie gar sind, läßt sich ein Blatt zur Probe leicht herauszupfen.) Die Artischocken im Sud etwas abkühlen lassen.
5. Inzwischen den Blätterteig 2,5 mm dick ausrollen. 4 Herzen, Sterne oder andere Formen ausstechen. Mit verquirltem Eigelb bestreichen, auf ein kalt abgespültes Backblech legen, nach Belieben mit dem Sesamsamen bestreuen und 10–15 Minuten auf der mittleren Schiene des Backofens goldgelb backen.
6. Von den Artischockenböden die Blätter, das »Heu« und auch die kleinen, lilafarbenen Blätter abzupfen. Die Artischockenböden bis zur weiteren Verwendung in den Sud zurücklegen.
7. Von drei Vierteln der Artischockenblätter das Fleisch mit der stumpfen Seite eines Messers ausschaben. Mit der Sahne in den Mixer geben und zu einem glatten Püree verarbeiten.
8. Die Schalotten in 1 Eßlöffel erhitzter Butter anziehen lassen. Das Einweichwasser der Morcheln durch einen Papierfilter gießen, zu den Schalotten gießen und diese 5 Minuten kochen lassen. Die Flüssigkeit durch ein Sieb gießen, die Schalotten gut ausdrücken. Die Morcheln in diesem Sud 10–15 Minuten kochen.
9. Die Schinkenstreifen in der restlichen Butter anziehen lassen. Den Sherry zu den Morcheln geben und die Flüssigkeit bis auf 3 Eßlöffel einkochen. Die Sahnemischung zufügen und nochmals aufkochen, bis die Sauce sämig wird. Die Schinkenstreifen unterziehen und die Sauce mit Salz, Pfeffer, Majoran und Cayennepfeffer gut abschmecken.
10. Die Artischockenböden und die restlichen Blätter im Kochwasser kurz erwärmen, sehr gut abtropfen lassen, die Böden auf vorgewärmte Teller verteilen und mit dem Morchelragout füllen. Mit je einem Blätterteigfleuron belegen. Die restlichen Artischockenblätter als Dekoration dazulegen.
Beilage: Als Vorspeise nur knuspriges Brot. Als Hauptgericht oder kleine Mahlzeit Reis.
Getränkeempfehlung: Côtes-du Rhône (z. B. Gigondas), Châteauneuf-du-Pape oder Spätburgunder

TIP – *Die Schnittflächen der Artischocken werden mit Zitronensaft eingerieben, damit sie sich nicht verfärben.*

Mit einer Schere oder einem Messer das obere Viertel der Artischockenblätter abschneiden. Die Schnittflächen sofort mit Zitronensaft benetzen.

Die Artischockenböden mit dem Morchelragout füllen und mit den restlichen Blättern sowie den Blätterteigformen servieren.

FISCHCOCKTAIL
Foto Seite 66

FÜR 4 PERSONEN	■
Zubereitungszeit:	
25 Minuten	
Pro Portion:	
225 kcal	
15 g E, 16 g F, 2 g K	

100 g Gartenkresse
300 g Fischfilets (z. B. Renken, Seeteufel, St. Petersfisch)
1 TL Olivenöl
4 EL Mayonnaise (selbst gerührt)
1 EL Tomatenpüree
2 EL Sahnequark
1 EL Cognac
½ TL frische Dillspitzen
Salz
weißer Pfeffer aus der Mühle
1 Prise Cayennepfeffer

1. Die Kresse waschen und trockenschwenken.
2. Die Fischfilets quer in 1 cm breite Streifen schneiden. Auf den mit Olivenöl bestrichenen Siebeinsatz des Dampftopfs legen und in 2–3 Minuten über Dampf garen.
3. Hohe Gläser oder Schalen mit der Kresse auslegen. Ein wenig Kresse zurückbehalten.

TIP – *Etwas grünen oder rosa Pfeffer zugeben (in diesem Fall den Dill weglassen).*

4. Mayonnaise mit Tomatenpüree, Quark, Cognac und Dill mischen. Mit Salz, Pfeffer und Cayennepfeffer abschmecken.
5. Die Fischstreifen auf der Kresse verteilen. Die Sauce darübergießen. Die restliche Kresse fein hakken. Die Cocktails damit bestreuen und bis zum Servieren kühlstellen.
Beilage: Toast und Butter
Getränkeempfehlung: trockener Frankenwein, weißer Graves (Bordeaux)

HUMMER MIT KRÄUTERSAUCE

FÜR 2 PERSONEN ■■
Zubereitungszeit:
30 Minuten
Pro Portion:
320 kcal
25 g E, 21 g F, 4 g K

1 Hummer (ca. 800 g)

SUD
1 Möhre
2 Schalotten
1 EL Olivenöl
1 Zweiglein Thymian
2–3 Petersilienstiele
½ Lorbeerblatt
1 kleine Knoblauchzehe
3 l Wasser
1 TL Salz

SAUCE
3 EL Crème double oder
Crème fraîche
3 EL saure Sahne
½ TL scharfer Dijonsenf
Salz
weißer Pfeffer
aus der Mühle
½ EL Kerbel, gehackt
½ TL Estragon, gehackt

1. Für den Sud die Möhre und die Schalotten schälen. Beides in Scheiben schneiden und im heißen Olivenöl leicht anbraten. Den Thymian, die Petersilienstiele, das Lorbeerblatt und die geschälte, halbierte Knoblauchzehe dazugeben, kurz mitbraten. Das Wasser angießen, das Salz zufügen und den Sud 10 Minuten kochen lassen.
2. Den Hummer mit dem Kopf voraus in den starkkochenden Sud geben. Bei großer Hitze 1 Minute weiterkochen, dann die Hitze auf die unterste Stufe reduzieren. Den Topf zudecken und von der Kochstelle ziehen. Den Hummer 10 Minuten im Sud ziehen lassen.
3. Für die Sauce alle aufgeführten Zutaten gut verrühren. Bis zum Servieren bei Raumtemperatur stehenlassen. Falls sie im voraus zubereitet wird, 10 Minuten vor dem Anrichten

Den gegarten Hummer vom Kopf bis zum Schwanz halbieren.

Die Scheren so aufbrechen, daß das Hummerfleisch leicht herausgelöst werden kann.

Vor dem Servieren die Sauce über den Hummerhälften verteilen.

aus dem Kühlschrank nehmen.
4. Den Hummer aus dem Sud nehmen. Mit einem spitzen Messer den Kopf zwischen den Augen einstechen, damit etwas Wasser ausläuft.
5. Den Hummer flach auf die Arbeitsfläche legen. Mit dem Messer vom Kopf bis zum Schwanz halbieren. Den Mageninhalt beim Kopf entfernen. Die Scheren mit einer Hummerzange aufbrechen oder mit einem schweren Gegenstand so öffnen, daß man am Tisch das darin enthaltene Hummerfleisch mühelos herausnehmen kann.
6. Pro Person einen halben Hummer anrichten und die Sauce dazu servieren.
Beilage: nach Belieben etwas Blattsalat, frisches Weißbrot
Getränkeempfehlung: weißer Burgunder, z. B. Chablis, Meursault, Pouilly-Fuissé, Champagner oder Sekt

TIP – *Der Hummer sollte nie eiskalt auf den Tisch kommen. Am besten kocht man ihn kurz vor dem Servieren, damit er noch lauwarm ist, oder man nimmt ihn rechtzeitig aus dem Kühlschrank.*
– Langusten können auf dieselbe Art zubereitet werden, ebenso Rock Lobster, Langustinen und Scampi, die allerdings frisch sein müssen. Diese Krustentiere werden nicht lebend verkauft, deshalb nur in schwachsiedendes Wasser geben und 5 Minuten ziehen lassen.

BLÄTTERTEIG-STANGEN MIT RÄUCHERLACHS

FÜR 24 STÜCK ■
Zubereitungszeit:
40 Minuten
Pro Stück:
130 kcal
4 g E, 10 g F, 6 g K

500 g tiefgekühlter
Blätterteig
250 g sehr dünn
geschnittener Räucherlachs
2 TL Dillspitzen
schwarzer Pfeffer
aus der Mühle
2 Eigelb
1–2 EL Sahne
Salz
2 EL Sesamsamen

1. Den Blätterteig 3 mm dick zu einem Rechteck ausrollen. Aus dem Rechteck 8 cm breite Streifen ausradeln.
2. Den Backofen auf 220 °C vorheizen.
3. Die Hälfte der Streifen mit dünngeschnittenem Räucherlachs belegen und mit Dill und wenig grobgemahlenem Pfeffer bestreuen.
4. Die restlichen Teigstreifen darüberlegen und gut andrücken. Das Eigelb mit der Sahne und 1 Prise Salz verrühren.
5. Die Teigstreifen quer in 1½ cm breite Stangen schneiden. Ein Backblech mit Backfolie belegen. Die Stangen darauflegen, mit der Eiersahne bestreichen und mit Sesamsamen bestreuen.
6. Das Backblech auf die mittlere Schiene des Backofens schieben, die Stangen in 15 Minuten goldgelb backen. Lauwarm servieren.
Beilage: zusammen mit anderen kleinen Snacks servieren
Getränkeempfehlung: Champagner, Sekt, trockener Weißwein, z. B. aus Rheinhessen. Man kann auch trockenen Sherry oder Cocktails dazu servieren.

HUMMER
MIT KRÄUTERSAUCE

PILZCREPES
MIT KRÄUTERN

PILZCREPES MIT KRÄUTERN

FÜR 4 PERSONEN ■■
Zubereitungszeit:
40 Minuten
Ruhezeit:
1 Stunde
Pro Portion:
275 kcal
5 g E, 21 g F, 16 g K

TEIG
75 g Mehl
⅛ l Wasser
1 großes Ei
30 g Butter
Salz
weißer Pfeffer
aus der Mühle
2 Prisen abgeriebene
Muskatnuß

FÜLLUNG
200 g Pilze (Pfifferlinge,
Steinpilze, Champignons)
1 große Schalotte, gehackt
2 EL Butter
5 EL Sahne
1 TL Oregano, gehackt
1 Prise Thymian, gerebelt
1 EL Petersilie, fein gehackt
Salz
weißer Pfeffer
aus der Mühle
1 EL Butterschmalz

1. Für den Teig das Mehl in eine Schüssel sieben. Eine Mulde machen. Zwei Drittel des Wassers mit dem Ei verquirlen, hineingeben und alles gut mischen. Die Butter leicht erwärmen, bis sie flüssig wird. Unter den Teig ziehen und diesen mit Salz, Pfeffer und Muskat abschmecken. Der Teig soll dünnflüssig sein. Eventuell noch etwas Wasser nachgießen. Den Teig 1 Stunde bei Raumtemperatur ruhen lassen.
2. Für die Füllung die Pilze mit Küchenpapier sorgfältig säubern. Den unteren Teil der Stengel abschneiden. Die Pilze sollten nach Möglichkeit nicht gewaschen und dürfen auf keinen Fall ins Wasser gelegt werden.
3. Die Schalotte in 1 Teelöffel Butter glasig braten. Mit 2 Eßlöffeln Sahne ablöschen. Die Mischung mit 40 g Pilzen im Mixer pürieren.
4. Die restliche Butter in einer großen Pfanne erhitzen. Die Pilze hineingeben und unter ständigem Rühren 5–7 Minuten bei starker Hitze braten. Den Oregano, den Thymian und die Petersilie zugeben, mit Salz und Pfeffer abschmecken und beiseite stellen.
5. Eine kleine, beschichtete Bratpfanne mit wenig Butterschmalz ausstreichen und dieses heiß werden lassen. Etwas Teig hineingeben, kurz anbacken, wenden und auf der zweiten Seite ebenfalls goldgelb backen. Im ganzen 4 Crêpes zubereiten.
6. Inzwischen das Pilzpüree zu den Pilzen geben. Diese erwärmen, aber nicht kochen lassen. Die Crêpes mit den Pilzen belegen, überschlagen und sofort auf heißen Tellern servieren.
Getränkeempfehlung: einfacher roter Bordeaux oder Rioja

TIP *Je nach Mehlsorte muß man mehr oder weniger Flüssigkeit zum Teig geben. Je flüssiger der Teig, um so zarter und dünner werden die Crêpes beim Backen.*

GEFÜLLTE PILZE

FÜR 4 PERSONEN ■■
Zubereitungszeit:
55 Minuten
Pro Portion:
235 kcal
5 g E, 21 g F, 6 g K

16 große Pilze,
z. B. Steinpilze
oder Champignons
Salz
50 g durchwachsener
geräucherter Speck
1 EL Butter
2 EL Petersilie, fein gehackt
1 EL Kräuter (Majoran,
Thymian, Rosmarin),
gehackt
2 Knoblauchzehen
2 EL Weißbrotkrumen
1 Ei
1 EL Sahne
weißer Pfeffer
aus der Mühle
Butter für die Form
4 EL Fleischbrühe
1 EL Olivenöl

1. Die Pilze putzen, kurz unter fließendem Wasser waschen und mit Küchenpapier abtrocknen. Die Stengel der Pilze vorsichtig aus den Hüten drehen und mit dem Wiegemesser fein hacken. Die Pilzhüte auf der gewölbten Seite geradeschneiden. Diese Abschnitte ebenfalls hacken.
2. 2 l Salzwasser aufkochen. Die Pilzhüte hineingeben und kurz aufwallen lassen. Mit dem Schaumlöffel herausheben.
3. Den Backofen auf 200 °C vorheizen.
4. Den Speck mit der Butter erhitzen. Die gehackten Pilze, alle Kräuter und den geschälten, durchgepreßten Knoblauch zugeben. Alle Zutaten dünsten, bis die austretende Flüssigkeit verdampft ist. Die Weißbrotkrumen daruntermischen.
5. Das Ei mit der Sahne verquirlen und an die Masse gießen. Mit Salz und Pfeffer abschmecken.
6. Eine flache, feuerfeste Form mit Butter bestreichen und die Fleischbrühe hineingießen. Die Pilzhüte mit der geradegeschnittenen Seite nach unten hineinlegen. Mit der vorbereiteten Mischung füllen und mit dem Olivenöl beträufeln. Auf der mittleren Schiene des Backofens 25–30 Minuten backen. Während der ersten 10 Minuten mit Aluminiumfolie abdecken, damit die Füllung nicht zu schnell braun und trocken wird. In der Form servieren.
Beilage: gedünsteter Blattspinat auf Risotto
Getränkeempfehlung: roter Landwein (z. B. Gamay) oder Waadtländer Rotwein oder Beaujolais

Die Stengel so vorsichtig aus den Pilzen drehen, daß die Hüte nicht beschädigt werden.

Die Pilzhüte nach dem Vorgaren füllen und in eine feuerfeste Form setzen.

SPARGEL MIT MANGOSAUCE

FÜR 6 PERSONEN ■■■
Zubereitungszeit:
45 Minuten
Pro Portion:
140 kcal
5 g E, 10 g F, 7 g K

1,5 kg grüner Spargel
1 reife Mango
Saft von ½ Zitrone
Salz
weißer Pfeffer
aus der Mühle
1 TL Butter
1 Prise Zucker
2 Eigelb
125 g Sahne

1. Den Spargel nach Bedarf schälen und die holzigen Enden wegschneiden. Die Mango schälen, das Fruchtfleisch vom Kern schneiden, kleinschneiden und mit dem Zitronensaft im Mixer pürieren.
2. Reichlich Salzwasser mit der Butter und dem Zucker zum Kochen bringen. Den Spargel mit Küchengarn zusammenbinden und hineingeben. Zugedeckt bei mittlerer Hitze in 15–20 Minuten garen. Der Spargel soll noch Biß haben.
3. Inzwischen das Eigelb, die Sahne und wenig Salz mit einem Schneebesen verquirlen. Die Masse im Wasserbad erhitzen und so lange schlagen, bis eine sämige Sauce entsteht. Wenn die Sauce nicht gleich weiterverwendet wird, muß man sie sofort in ein kaltes Gefäß umgießen.
4. Vor dem Servieren die Sauce mit dem Mangopüree und 2 Eßlöffel heißem Spargelsud verrühren, mit Salz und Pfeffer abschmecken und nochmals kurz erwärmen, aber nicht kochen lassen.
5. Den Spargel aus der Kochflüssigkeit heben und sehr gut abtropfen lassen. Auf einer vorgewärmten, mit einer zusammengefalteten Stoffserviette belegten Platte anrichten. Die Sauce separat servieren.
Getränkeempfehlung: Riesling, Silvaner, Johannisberger oder Pouilly-Fuissé

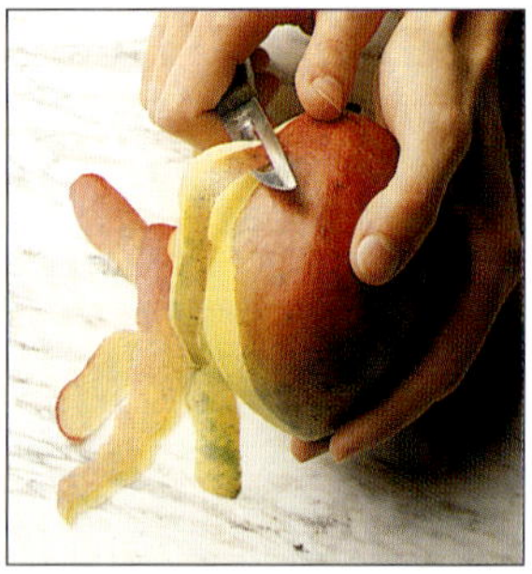
Die Mango vorsichtig schälen.

Zuerst an beiden Seiten des ovalen Kerns das Mangofleisch ablösen. Danach das restliche Fruchtfleisch vom Kern entfernen und die Fruchtstücke mit Zitronensaft pürieren.

Für eine sämige Sauce Eigelb, Sahne und Salz im Wasserbad erhitzen und dabei kräftig schlagen.

SPARGELFLAN

FÜR 4 PERSONEN ■■■
Zubereitungszeit:
60 Minuten
Pro Portion:
435 kcal
7 g E, 39 g F, 6 g K

500 g grüner Spargel
1 l Wasser
10 g Butter
1 TL Zucker

GUSS
2 Eier
125 g Sahne
20 g Butter
Salz
weißer Pfeffer
aus der Mühle
Butter für die Förmchen

SAUCE
1 EL Schalotten, gehackt
30 g Butter
1 Glas Sauternes
125 g Sahne
Salz
weißer Pfeffer
aus der Mühle
1 Prise Cayennepfeffer

1. Die Spargelstangen um 2–3 cm kürzen. Wenn nötig, schälen (grüner Spargel braucht in der Regel nicht geschält zu werden).
Das Wasser mit der Butter und dem Zucker aufkochen. Den Spargel mit den Köpfen nach oben in 15–20 Minuten nicht zu weich kochen. Abgießen und den Sud aufheben.
2. Ca. ein Drittel des Spargels am unteren Ende abschneiden und in kleine Stücke schneiden. Die Hälfte des Suds bis auf ca. 4 Eßlöffel Flüssigkeit einkochen.
3. Den Backofen auf 120 °C vorheizen.
4. Für den Guß die Eier verquirlen, den reduzierten Spargelsud und die Sahne (2 Eßlöffel zurückbehalten) zufügen. Mit Salz und Pfeffer abschmecken. Die Spargelstücke, die restliche Sahne und die geschmolzene Butter daruntermischen.
5. Kleine Souffléförmchen mit Butter ausstreichen. Den Guß mit den Spargelstücken einfüllen. Die Förmchen in ein Wasserbad stellen und im Backofen (Wassertemperatur ca. 80 °C) in 25 Minuten garen (Nadelprobe machen!).
6. Für die Sauce die Schalotten in 1 Eßlöffel Butter glasig braten. Mit dem Wein ablöschen und die Sauce auf die Hälfte einkochen lassen. Durch ein Sieb gießen und wieder in den Topf geben. Die Sahne zufügen und einkochen, bis die Sauce leicht sämig wird. Die restliche Butter in Flocken unter die Sauce schlagen. Mit Salz, wenig Pfeffer und Cayennepfeffer abschmecken.
7. Die Flans mit einem Messer vom Rand der Förmchen lösen und auf vorgewärmte Teller stürzen. Mit der Sauce umgießen und mit den im restlichen Sud erhitzten Spargelspitzen garnieren.
Beilage: frisches Brot
Getränkeempfehlung: Sauternes oder trockener, gehaltvoller Weißwein

TIP *Anstelle von Spargelstückchen kann man auch mit 1 Eßlöffel Kochsud pürierten Spargel zufügen.*
Souffléförmchen sind kleine Puddingformen aus feuerfestem Porzellan.
Bei der Nadelprobe darf an der Nadel beim Herausziehen nichts hängenbleiben.

FENCHELTERRINE MIT SCAMPI UND COCKTAILSAUCE

1 TERRINE FÜR 8 PERSONEN ■■■
Zubereitungszeit:
45 Minuten
Pro Portion:
190 kcal
14 g E, 10 g F, 7 g K

100 g Fenchel, fein gewürfelt
Salz
200 g rohes, ausgelöstes Scampifleisch, gewürfelt
Salz
weißer Pfeffer aus der Mühle
Cayennepfeffer
etwas Fenchelgrün, fein gehackt

FARCE
450 g Fenchel
180 g rohes, ausgelöstes Scampifleisch
1 Eiweiß
75 g angefrorene Sahne
Salz
weißer Pfeffer aus der Mühle
Cayennepfeffer

COCKTAILSAUCE
180 g saure Sahne
150 g Sahnequark
1 EL Tomatenpüree
1 Prise Cayennepfeffer
Salz
weißer Pfeffer aus der Mühle
1 EL Cognac (nach Belieben)

1. Die Fenchelwürfel in gesalzenem Wasser bißfest garen und darin abkühlen lassen.
2. Den Backofen auf 120 °C vorheizen.
3. Für die Farce den Fenchel putzen, in Stücke schneiden und in wenig Wasser weich kochen. Pürieren und abkühlen lassen. Das kalte, in Stücke geschnittene Scampifleisch würzen und im Cutter zerkleinern. Zuerst das Eiweiß, dann das kalte Fenchelpüree und schließlich die angefrorene Sahne unterarbeiten, mit Salz, Pfeffer und Cayennepfeffer würzen und die Masse durch ein feines Sieb streichen.
4. Die Fenchelwürfel abtropfen lassen und trockentupfen. Die Scampiwürfel würzen und zusammen mit dem Fenchelgrün und den -würfeln unter die Farce ziehen. Eine lange, schmale Terrinenform (1 l Inhalt) mit Klarsichtfolie auslegen. Die Masse einfüllen.
5. Die Form mehrmals kräftig auf ein feuchtes Tuch stoßen und verschließen. Die Form in ein Wasserbad auf die mittlere Schiene des vorgeheizten Ofens stellen, die Terrine in 30 Minuten garen. Die fertige Terrine herausnehmen und im Wasserbad auskühlen lassen.
6. Für die Cocktailsauce die saure Sahne mit dem Quark und dem Tomatenpüree gut verrühren. Mit Cayennepfeffer, Salz und Pfeffer abschmecken. Den Cognac darunterziehen.
Beilage: Baguette oder Toast mit Butter
Getränkeempfehlung: Johannisberger (Silvaner aus dem Wallis), Fendant, weißer Bordeaux (Graves)

TIP *Man kann die Hälfte des Quarks auch durch Mayonnaise ersetzen. Dadurch wird die Sauce allerdings etwas schwerer.*

RIESENGARNELEN MIT THYMIAN-BUTTERSAUCE

FÜR 4 PERSONEN ■■■
Zubereitungszeit:
30 Minuten
Pro Portion:
300 kcal
17 g E, 21 g F, 2 g K

12 Riesengarnelen
Salz
weißer Pfeffer aus der Mühle
2 Zweige Thymian
½ TL Butter

SAUCE
2 EL Schalotten, fein gehackt
2 EL Weißweinessig
4 EL trockener Weißwein
80 g kalte Butter
1 EL trockener Wermut
2 EL Sahne
Salz
weißer Pfeffer aus der Mühle
1 TL Thymian, gehackt

1. Von den Garnelen die Köpfe entfernen. Das Fleisch aus der Kruste lösen, am unteren Ende ein kleines Stück stehenlassen, damit der Schwanz ganz erhalten bleibt. Am oberen Ende mit einem spitzen Messer einen kleinen Schnitt anbringen und den Darm (brauner Faden) herausziehen. Die Garnelen mit Salz und Pfeffer bestreuen. Einen Topf mit passendem Siebeinsatz 4 cm hoch mit Wasser füllen, die Thymianzweige hineingeben und das Wasser aufkochen.
2. Für die Sauce die Schalotten mit dem Essig und dem Weißwein bei schwacher Hitze kochen, bis nur noch 3 Eßlöffel Flüssigkeit vorhanden sind. Durch ein Sieb in einen breiten Topf gießen.
3. Die Butter in kleine Würfel schneiden. Den Fond mit dem Wermut aufkochen. Die Sahne zufügen und die Sauce nochmals erwärmen. Dann bei schwacher Hitze die Butter nach und nach unter kräftigem Schwingen mit dem Schneebesen unter die Sauce schlagen. Mit Salz und Pfeffer abschmecken und den Thymian zugeben.
4. Den Siebeinsatz mit Butter bestreichen. Die Garnelen hineinlegen, auf das kochende Wasser setzen, zudecken und in 2–3 Minuten im Dampf garen.
5. Die Sauce auf warme Teller verteilen und die Garnelen darauf anrichten.
Beilage: Salzkartoffeln, Reis oder eventuell nur Weißbrot
Getränkeempfehlung: Sancerre, Pouilly-Fumé oder Johannisberger (Silvaner aus dem Wallis)

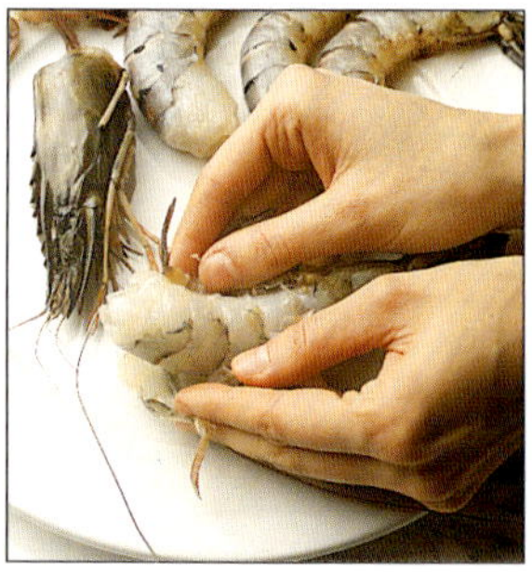

Von den Garnelen zuerst die Köpfe abtrennen, dann läßt sich das Fleisch gut aus der Kruste pellen.

Die Garnele am Kopfende anritzen und mit einem Holzspieß oder einer Gabel den braunen Darm herausziehen.

KLEINER FISCHSALAT

FÜR 4 PERSONEN ■
Zubereitungszeit:
25 Minuten
Pro Portion:
225 kcal
15 g E, 16 g F, 2 g K

200 g Filets von festem Fisch (Seeteufel, Zander, Kabeljau)
100 g Lachs oder Lachsforelle
Salz
Pfeffer aus der Mühle
100 g Algen
1 TL kaltgepreßtes Olivenöl

SAUCE
1 EL Aceto Balsamico
Salz
weißer Pfeffer aus der Mühle
4 EL kaltgepreßtes Olivenöl
1 EL glatte Petersilie, gehackt

GARNITUR
50 g Gartenkresse
12 Cherrytomaten

1. Die Fischfilets und den Lachs in mundgerechte Stücke schneiden. Von beiden Seiten mit Salz und Pfeffer bestreuen.
2. Die Algen in kochendes Wasser geben und 2–3 Minuten kochen, dann abgießen und sofort kalt abspülen.
3. Das Olivenöl in einer beschichteten Bratpfanne erhitzen. Die Fischstücke darin bei schwacher Hitze von beiden Seiten anbraten, bis das Fischfleisch weiß wird. Sie sollen keine Farbe annehmen.
4. Für die Sauce den Essig mit etwas Salz und Pfeffer verrühren. Das Olivenöl und die Petersilie dazumischen.
5. Die Kresse putzen, waschen und trockenschleudern.
6. Den Fisch und die Algen auf Tellern anordnen. Mit der Kresse garnieren und mit der Salatsauce beträufeln.
7. Die Cherrytomaten wie Äpfel spiralenförmig schälen. Die Haut zu Röschen formen und je 3 Röschen auf die Teller verteilen.
Beilage: Baguette
Getränkeempfehlung: trockener badischer Weißwein, weißer Rioja, Soave

VOLLKORN-TERRINE MIT FORELLEN- UND LACHSMOUSSE

FÜR 8–10 PERSONEN ■ ■
Zubereitungszeit:
30 Minuten
Kühlzeit:
12 Stunden
Pro Portion bei 8 Personen:
235 kcal
7 g E, 18 g F, 9 g K

4 Blatt weiße Gelatine
150 g wenig gewürztes Vollkornbrot
0,4 l Gemüsebrühe
Salz
weißer Pfeffer aus der Mühle
80 g geräuchertes Forellenfilet
100 g Butter
80 g Räucherlachs
Butter für die Terrinenform

SAUCE
180 g saure Sahne
2 EL Kräuter (Basilikum, Kerbel, Petersilie), fein gehackt
Salz
weißer Pfeffer aus der Mühle

1. Die Gelatineblätter in kaltem Wasser einweichen.
2. Das Vollkornbrot im Mixer zerkleinern.
3. Die Gemüsebrühe aufkochen, den Topf vom Herd nehmen. Die Gelatine gut ausdrücken, zufügen und rühren, bis sie aufgelöst ist.
4. Das Brot zugeben und die Masse mit Salz und Pfeffer abschmecken.
5. Die Forellenfilets in Stücke schneiden und im Cutter pürieren. Die Butter schaumig schlagen und die Hälfte davon mit dem Forellenpüree mischen. Mit wenig Salz und Pfeffer abschmecken.
6. Den Räucherlachs ebenfalls pürieren und mit der restlichen Butter gut mischen. Nach Bedarf mit Salz und Pfeffer abschmecken.
7. Eine Terrinenform von ca. 500 g Inhalt mit Butter bestreichen. Die Brotmasse abwechselnd mit der Forellen- und Lachsmousse schichtweise einfüllen. Mit Brotmasse abschließen.
8. Die Terrine 12 Stunden im Kühlschrank durchkühlen lassen.
9. Für die Sauce die saure Sahne mit den Kräutern mischen und mit Salz und Pfeffer abschmecken.
10. Zum Anrichten die Terrine in ca. 1 cm dicke Scheiben schneiden.
Beilage: kleine Salatgarnitur, z. B. Feldsalat, Kresse, Endivien und Cherrytomaten oder Radieschenröschen
Getränkeempfehlung: trockener Weißwein

SARDINENTOASTS

FÜR 4 PERSONEN ■ ■
Zubereitungszeit:
35 Minuten
Pro Portion:
305 kcal
7 g E, 15 g F, 33 g K

1 große Zwiebel, fein gehackt
40 g Butter
2 große Sardinen (frisch oder tiefgekühlt)
1 EL Olivenöl
1 kleines Stück rote, scharfe Pfefferschote
2 EL Petersilie, fein gehackt
2–3 Basilikumblätter
1 EL Olivenöl, kalt gepreßt
Salz
Pfeffer
½ Baguette

GARNITUR
Cherrytomaten
Basilikum oder glatte Petersilie

1. Die Butter bei Raumtemperatur weich werden lassen.
2. Die Sardinen ausnehmen, waschen, auf Küchenpapier trocknen und dann auf beiden Seiten 5 Minuten im Olivenöl braten. Nach dem Erkalten Haut, Kopf und Gräten entfernen.
3. Den Backofen auf 220 °C vorheizen.
4. Die Pfefferschote hakken. Das Sardinenfleisch mit der Butter, der Zwiebel, den Kräutern, dem kaltgepreßten Olivenöl und etwas Salz und Pfeffer im Mixer pürieren. Die Pfefferschotenwürfelchen daruntermischen.

TIP *Man kann die Toasts auch mit Sardinen aus der Dose zubereiten (Gräte entfernen!). Die Sardinen durch Thunfisch aus der Dose ersetzen. Wenn es schnell gehen muß, die Sardinenmasse bergartig auf kleine Crackers (gesalzene Biskuits) oder Pumpernickel geben.*

5. Das Brot in dünne Scheiben schneiden, diese auf ein Backblech legen und auf der oberen Schiene des Backofens ca. 5–6 Minuten toasten.
6. Für die Garnitur die Cherrytomaten und die Kräuter waschen und trockentupfen.
7. Die getoasteten Brotscheiben ½ cm hoch mit der Masse belegen. Mit einer Cocktailtomate und einem Kräuterblättchen garnieren.
Beilage: kleine Snacks oder Apéritifgebäck
Getränkeempfehlung: trockener Weißwein, Sekt oder andere Apéritifs

GÄNSELEBER-TERRINE MIT BRIOCHE

FÜR 8–10 PERSONEN ■ ■ ■
Zubereitungszeit:
1 Stunde
Kühlzeit für die Terrine:
2–3 Tage;
für den Teig: 10–12 Stunden
Pro Portion bei 8 Personen:
390 kcal
19 g E, 21 g F, 28 g K

TERRINE
600 g frische Gänseleber
Salz
weißer Pfeffer
aus der Mühle
1 kleines Glas Trüffeljus
(nach Belieben)
oder 1 EL Cognac
(oder Armagnac)
2 EL Sherry

BRIOCHE
25 g Hefe
6 EL Milch
1 TL Zucker
250 g Mehl
2 Eier
1 TL Salz
100 g Butter
1 Eigelb

1. Die Gänseleber nach dem Kauf in ein feuchtes Tuch einschlagen und in den Kühlschrank legen. Nach ca. 1 Stunde herausnehmen.
2. Die Leber von Hand in die beiden Lappen teilen. Jeden Lappen etwas längs öffnen. Die feinen Häutchen von der Leber sorgfältig abziehen. Die Lappen auf dem Tisch etwas plattdrücken. Die Blutgefäße, alle grünen Teile, die mit der Galle in Berührung gekommen sind, und die Nerven sorgfältig herausziehen. Die Leber in eine flache Schale legen. Rundherum mit Salz und Pfeffer bestreuen.
3. Die Hälfte der Leberstücke in eine Terrinenform aus Porzellan von ½ Liter Inhalt legen. Mit dem Truffeljus oder dem Cognac und dem Sherry beträufeln. Die restliche Leber darauflegen und alles

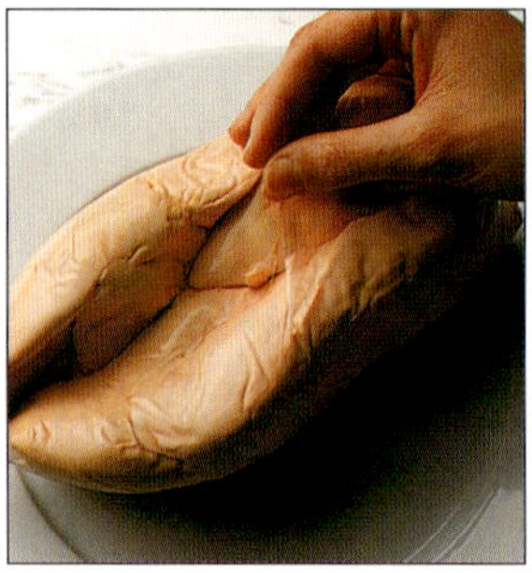

Von jedem Leberlappen das feine Häutchen abziehen.

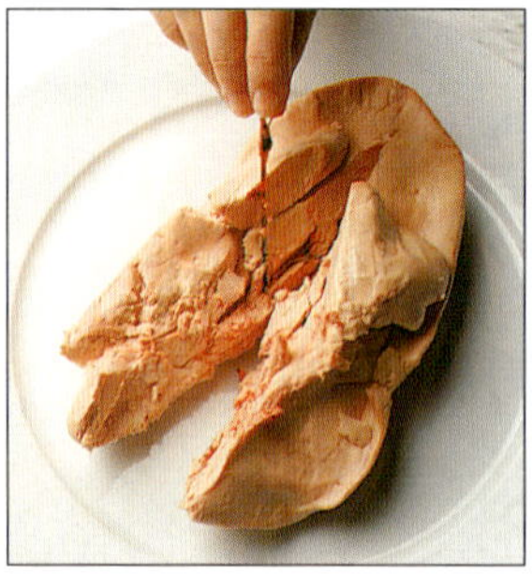

Blutgefäße und Nerven sorgfältig aus den Leberteilen entfernen. Auch alle grünen Teile müssen abgetrennt werden, denn sie sind mit der Galle in Berührung gekommen und schmecken bitter.

Die eine Leberhälfte mit Trüffeljus und Sherry beträufeln, dann die andere Hälfte darauf legen.

Nach dem Garen den Terrinendeckel auf die Leber pressen und beschweren.

gut zusammenpressen. Die Oberfläche etwas ausgleichen. 10 Stunden im Kühlschrank ziehen lassen.
4. Einen Bräter ca. 3 cm hoch mit Wasser füllen und auf die mittlere Schiene des Backofens stellen. Den Ofen auf 140 °C heizen. Das Wasser soll eine Temperatur von 65–70 °C erreichen. Das Messen mit einem Thermometer ist unerläßlich. Die Terrine hineinsetzen und den Backofen auf 80 °C zurückschalten. Die Gänseleber darin in 20 Minuten im Wasserbad garen.
5. Die Terrine herausnehmen, den Deckel umkehren und auf die Leber pressen, damit seitlich Fett aufsteigt und die Leber leicht bedeckt. Die Terrine wieder verschließen. Nach dem Erkalten die Terrine für 2–3 Tage in den Kühlschrank (1 °C) stellen. Erst dann servieren.
6. Für die Brioche die Hefe zerbröckeln und mit 2–3 Eßlöffel lauwarmer Milch und dem Zucker auflösen. Das Mehl in eine große, lauwarme Schüssel sieben. Eine Vertiefung machen. Die Eier mit dem Salz verquirlen. Die restliche Milch dazugießen, alles zum Mehl geben und rasch zu einem Teig verkneten. Den Teig immer wieder zusammenfalten und kräftig auf den Tisch schlagen. Zu einer Kugel formen, mit einem Tuch bedecken und 30 Minuten bei Raumtemperatur gehen lassen.
7. Den Teig flachdrükken. Die in Flocken geschnittene Butter daraufgeben und kneten, bis der Teig glatt ist und nicht mehr klebt. Den Teig 10–12 Stunden kühl ruhen lassen (bei ca. 11 °–12 °C). Nochmals kräftig kneten, zusammenfalten und schlagen. Den Teig in eine gebutterte Königskuchenform geben. 10–15 Minuten bei Zimmertemperatur stehenlassen, dann bei 220 °C 20–25 Minuten backen.
8. Die Terrine in der Form auf den Tisch bringen und senkrecht in 1 cm dicke Scheiben schneiden. Zusammen mit der frischgebackenen Brioche servieren. Die Terrine ist im Kühlschrank (bei 1°) 4–6 Tage haltbar (nach Anbruch mit Folie abdecken).
Beilage: statt Brioche Toast mit Butter, eventuell Portweingelee
Getränkeempfehlung: Sauternes, Barsac, Riesling Spätlese

TIP *Eine Gänseleber von erstklassiger Qualität ist beigerosa in der Farbe, sollte fest, aber nicht hart anzufassen sein. Der Einkauf ist Vertrauenssache.*
Zum Aufbewahren im Kühlschrank sollte die Leber mit einer Fettschicht bedeckt sein. Man kann die noch warme Leber mit einem mit Aluminiumfolie überzogenen Brettchen und mit einem Wasserkrug oder mit Gewichten beschweren, damit das Fett aufsteigt. Ist zu wenig Fett vorhanden, kann man noch etwas flüssige Butter über die Terrine gießen.

WINTERSALAT MIT CHICORÉE, ÄPFELN UND ENTENBRUST

FÜR 4 PERSONEN ■■
Zubereitungszeit:
40 Minuten
Pro Portion:
315 kcal
13 g E, 23 g F, 5 g K

1 große Entenbrust
(300–350 g)
Salz
weißer Pfeffer
aus der Mühle
1 EL Calvados

SALAT
1 kleiner, säuerlicher Apfel
1 EL Zitronensaft
2–3 Chicorée
1 kleine, rote Zwiebel
3 EL Walnußkerne,
gehackt
Salz
weißer Pfeffer
aus der Mühle
1½ EL Sherryessig
Salz
schwarzer Pfeffer
aus der Mühle
4 EL Walnußöl
½ Knoblauchzehe

1. Die Entenbrust auf der Hautseite gitterartig einschneiden. Mit Salz und Pfeffer einreiben.
2. Eine schwere Pfanne erhitzen. Die Entenbrust mit der Hautseite nach unten hineinlegen. Im eigenen Fett in 2–3 Minuten goldgelb braten, dann wenden. Nochmals 2–3 Minuten braten. Die Pfanne halb zudecken und die Brust bei schwacher Hitze 10 Minuten weiterbraten. Das Fleisch aus der Pfanne nehmen und auf ein Gitter setzen (Teller unterlegen). Das Fett aus der Pfanne abgießen. Den Calvados hineingießen und den Bratensatz damit lösen.
3. Für den Salat den Apfel waschen, ungeschält vierteln und das Kerngehäuse ausschneiden. Die Viertel zuerst längs in sehr dünne Scheiben, dann

Die Blattspitzen der Chicoreeblätter für die Garnitur aufheben. Den Rest der Blätter sehr fein schneiden.

quer in Stäbchen schneiden. Sofort in einer Schüssel mit dem Zitronensaft mischen.
4. Den Chicorée putzen. 20 Blattspitzen zum Garnieren beiseite legen und dann die restlichen Blätter in ca. 3 cm lange Stücke schneiden. Danach ebenfalls längs in sehr feine Streifen schneiden. Die Zwiebel halbieren und in feine Ringe schneiden. Alle Salatzutaten mischen und mit wenig Salz und Pfeffer würzen. Den Sherryessig mit wenig Salz und Pfeffer verrühren. Das Öl darunterschlagen, den Knoblauch schälen, durchpressen und zugeben.
5. Je 5 Chicoréeblätterchen kreuzweise auf 4 großen Tellern anrichten. Den Salat auf die Mitte verteilen und mit der Sauce beträufeln. Die Entenbrust leicht schräg in dünne Scheiben schneiden, zwischen den Salatblättern anordnen und mit dem Bratenfond beträufeln.
Beilage: Toast oder knuspriges Schwarzbrot mit Butter
Getränkeempfehlung: weißer Bordeaux, z. B. Graves, Barsac, oder leichter Rotwein

CHINAKOHLSALAT MIT SCAMPI UND SESAM

FÜR 4 PERSONEN ■■
Zubereitungszeit:
35 Minuten
Pro Portion:
170 kcal
7 g E, 14 g F, 2 g K

1 kleiner Chinakohl
8 mittelgroße Minzeblätter
50 g Gartenkresse
4 große Scampi
1 TL Erdnußöl
Szetschuanpfeffer
aus der Mühle
1 EL Sesamsamen

SAUCE
1 EL Sojasauce
1 EL Hühnerbrühe
1 EL Sherryessig
1 EL Sherry
4 EL Erdnußöl
1–2 Tropfen Sesamöl
wenig Salz
Szetschuanpfeffer
aus der Mühle

1. Die Blätter des Chinakohls vom Strunk lösen, die Rippen entfernen und die Blätter in ca. 1 cm breite Streifen schneiden. Gut waschen und trockenschleudern. Die Minzeblätter und die Kresse waschen und gut abtropfen lassen.
2. Für die Sauce die Sojasauce mit der Brühe verrühren. Den Essig und den Sherry zufügen und zuletzt das Öl daruntermischen. Mit wenig Salz, Szetschuanpfeffer und Sesamöl abschmecken.
3. Die Krusten der Scampi auf der Bauchseite seitlich aufschneiden. Das Fleisch sorgfältig herauslösen, dabei das letzte Glied des Panzers mit dem Schwanzende stehenlassen. Die Scampi am oberen Ende leicht einschneiden und den Darm herausziehen.
4. Die Scampi in Erdnußöl bei schwacher Hitze anziehen lassen, bis sie milchig weiß werden. Das dauert, je nach Größe, ungefähr 3–4 Minuten. Mit

Den Panzer der Scampi an der Bauchseite aufritzen und das Fleisch herausschälen.

Szetschuanpfeffer bestreuen.
5. Die Sesamsamen in einer trockenen Pfanne bei mittlerer Hitze kurz rösten.
6. Den Chinakohl mit den Minzeblättern und der Hälfte der Sauce vermischen. Auf Tellern anrichten. Mit der Kresse und den lauwarmen Scampi garnieren. Mit den Sesamsamen bestreuen.
Beilage: Kroepoeck (Fladen aus Crevettenmehl, die aufgebacken werden) oder frisches Brot
Getränkeempfehlung: Roséwein

TIP *Bei der Verwendung von tiefgekühlten Scampi diese vor dem Garen auftauen lassen.*
– Man kann diesen Salat auch mit kleinen, leicht gebratenen Fischstücken oder gekochter, in Scheiben geschnittener Hähnchenbrust garnieren.

HERBSTSALAT

FÜR 4 PERSONEN ■
Zubereitungszeit:
40 Minuten
Pro Portion:
240 kcal
8 g E, 19 g F, 6 g K

200 g Blattsalat (Lollo Rosso, Batavia, Kresse, Eichblatt etc.)
100 g frische Pilze (Pfifferlinge, Steinpilze)
100 g Rehfleisch, ohne Knochen
2 Scheiben Toastbrot
2 EL Butterschmalz
2 EL Butter
4 Wachteleier

SAUCE
3 EL Haselnußöl
½ TL scharfer Senf
1 EL Sherryessig
1 EL Fleischbrühe
1 Knoblauchzehe
1 Prise Thymian, getrocknet
1 EL Oregano, getrocknet
Salz
schwarzer Pfeffer aus der Mühle

1. Den Salat und die Pilze putzen und waschen. Die Salate trockenschleudern, die Pilze abtupfen und in Scheiben schneiden. Das Rehfleisch in feine Streifen schneiden.
2. Für die Sauce das Haselnußöl und den Senf verrühren. Mit dem Essig, der Brühe, dem geschälten, durchgepreßten Knoblauch, dem Thymian, ½ Eßlöffel Oregano, Salz und Pfeffer mischen.
3. Das Toastbrot in sehr kleine Würfelchen schneiden, in 1 Eßlöffel Butterschmalz in einer Pfanne hellgelb braten und herausnehmen. Die Bratpfanne ausreiben, 1 Eßlöffel Butter hineingeben und die Pilze ganz kurz darin anziehen lassen. Aus der Pfanne nehmen und beiseite stellen. Die Pfanne trockenreiben, das restliche Butterschmalz hineingeben, das Fleisch darin ganz kurz anbraten. Es soll innen hellrosa bleiben.
4. Die Salatblätter auf Tellern verteilen. Die Pilze darauflegen und mit der Sauce beträufeln. Mit den Buttercroûtons und dem restlichen Oregano bestreuen.
5. Die Wachteleier aufschlagen und in der in der Pfanne verbliebenen Butter zu Spiegeleiern braten. Auf dem Salat anrichten.
Beilage: frisches Brot
Getränkeempfehlung: gehaltvoller Weißwein oder Roséwein aus der Provence, z. B. Tavel

LÖWENZAHNSALAT MIT GEFLÜGELLEBER UND WACHTELEIERN

FÜR 4 PERSONEN ■ ■
Zubereitungszeit:
40 Minuten
Pro Portion:
335 kcal
16 g E, 23 g F, 11 g K

300 g zarter Löwenzahn
100 g Feldsalat
2 Scheiben Weißbrot ohne Kruste
2½ EL Butterschmalz
1 Knoblauchzehe
200 g Geflügelleber
Salz
weißer Pfeffer aus der Mühle
½ TL Thymian, gehackt
4 Wachteleier
1 EL Butter

SAUCE
1 Knoblauchzehe
1 EL Sherryessig
1 EL Weißwein
Salz
½ TL scharfer Dijonsenf
4 EL Walnußöl
Pfeffer aus der Mühle

1. Den Salat putzen, 5 Minuten in kaltes Salzwasser legen, dann kalt abspülen und trockenschleudern.
2. Das Brot in sehr kleine Würfel schneiden. In 1½ Eßlöffel Butterschmalz goldgelb backen. Den geschälten Knoblauch durchpressen und darüber verteilen.
3. Für die Sauce den geschälten Knoblauch anschneiden, an eine Gabel stecken und die Schüssel damit ausreiben. Den Essig mit dem Weißwein und Salz gut verrühren. Den Senf untermischen, dann das Öl nach und nach zufügen. Mit Pfeffer abschmecken.
4. 10 Minuten vor dem Servieren den Salat mit der Sauce gut vermischen. 2–3 Minuten weiterrühren, damit die Blätter ganz von Sauce bedeckt sind.
5. Die Geflügelleber putzen, waschen und in kleine Stücke schneiden. Im restlichen Butterschmalz sehr rasch anbraten. Sobald sie nicht mehr rot sind, mit Salz, Pfeffer und Thymian bestreuen und noch warm über den Salat verteilen.
6. Die Wachteleier in der Butter zu Spiegeleiern braten und leicht salzen.
7. Den Salat in Suppentellern anrichten, mit den Spiegeleiern garnieren und mit den Brotcroûtons bestreuen.
Beilage: Bauernbrot
Getränkeempfehlung: Beaujolais, Gamay oder leichter, hellroter Landwein

> TIP *Anstelle von Löwenzahn kann man auch Feldsalat oder Portulak verwenden. Die Wachteleier sehen besonders hübsch aus. Man kann aber auch hartgekochte Eier vierteln oder hacken und über den Salat streuen.*

ZITRUSSALAT MIT OLIVENTOAST

FÜR 4 PERSONEN ■ ■ ■
Zubereitungszeit:
35 Minuten
Pro Portion:
370 kcal
5 g E, 23 g F, 35 g K

2 Grapefruits
2 rosa Grapefruits
1 rote Zwiebel
½ TL scharfer Dijonsenf
Salz
schwarzer Pfeffer

OLIVENTOASTS
150 g schwarze Oliven
2 Sardellenfilets
1 EL Kapern
3 EL kaltgepreßtes Olivenöl
schwarzer Pfeffer
1 Prise Thymian
1 EL Zitronensaft
4 Scheiben Toastbrot

1. Von den Grapefruits einen Deckel so abschneiden, daß das Fruchtfleisch zum Vorschein kommt. Mit einem scharfen Messer die Schale von oben nach unten so abschaben, daß alle weißen Häutchen ebenfalls entfernt werden. Mit dem Messer die Filets aus den Trennhäuten herauslösen. Den Saft auffangen.
2. Die Zwiebel schälen, halbieren und in feine Streifen schneiden.
3. Den Saft mit dem Senf verrühren und mit Salz und Pfeffer abschmecken. Mit den Grapefruitfilets und den Zwiebeln mischen und kalt stellen.
4. Die Oliven entsteinen und das Fruchtfleisch kleinschneiden. Die Oliven mit den Sardellen, den Kapern und dem Olivenöl im Mixer pürieren. Mit Pfeffer, Thymian und Zitronensaft abschmecken.
5. Das Brot toasten, zu Dreiecken halbieren und das Olivenpüree darauf verteilen.
6. Den Salat in Schüsselchen anrichten und mit Oliventoast servieren.
Getränkeempfehlung: Roséwein

Daß es nicht karg und spartanisch zugehen muß in der natürlichen Küche, beweisen die Vorspeisenangebote von Doris-Katharina Hessler. Sie weiß mit den Zutaten der Vollwertküche so virtuos umzugehen, daß viele ihrer kleinen Gerichte die Bezeichnung »Amuse-gueules« wahrhaft verdienen. Man bereitet winzige Buchweizenpfannkuchen und -küchlein und macht »Burger« daraus, die sämtlichen Schnellimbißketten das brodelnde Bratfett abgraben. Eine Mousse aus Kräuterkäse mit Kirschtomaten bedarf nur des Basilikums, um zum Schmankerl der Naturküche zu werden. Ob Kartoffeln, Bohnen, Linsen, Chinakohl und Feldsalat oder bunter Kaviar, Langostinos, Rinderfilet und gebratene Wachteln – immer werden daraus Vorspeisen oder kleine Gerichte, denen man die hohe Qualität der Ausgangsprodukte ebenso anmerkt wie den Einfallsreichtum der Köchin, die sie erfunden hat.

Terrine von zweierlei Spargel (Rezept Seite 100)

MAISPFANNKUCHEN MIT SPINAT, TOMATEN UND MOZZARELLA

FÜR 4 PERSONEN ■ ■ ■
Zubereitungszeit:
1 Stunde
Pro Portion:
605 kcal
27 g E, 33 g F, 46 g K

TEIG
200 g Maismehl
Salz
0,3 l Milch
3 Eier
Maisöl zum Braten der Pfannkuchen

BELAG
500 g frischer, junger Spinat
Salz
50 Pinienkerne
40 g Butter
1 Schalotte, gehackt
weißer Pfeffer aus der Mühle
frischgeriebene Muskatnuß
4 mittelgroße Tomaten
200 g Mozzarella (aus Büffelmilch)

1. Für den Teig Maismehl und Salz in eine Schüssel geben. Unter Rühren die Milch und nacheinander die Eier zufügen. Den Teig etwa 15 Minuten quellen lassen.
2. Währenddessen für den Belag den Spinat verlesen, gründlich waschen und in reichlich Salzwasser kurz blanchieren. Auf einem Durchschlag gut abtropfen lassen, dann ausdrücken. Die Pinienkerne in einer trockenen Pfanne rösten.
3. Die Butter in einer Pfanne erhitzen und die Schalottenwürfel darin anschwitzen. Den Spinat und die gerösteten Pinienkerne hinzufügen und mit Salz, Pfeffer und Muskat würzen.
4. Die Tomaten waschen, die Stengelansätze entfernen, in Scheiben schneiden, den Mozzarella ebenfalls in Scheiben schneiden.
5. Den Grill vorheizen.

Der Maismehlteig muß etwa 15 Minuten quellen, bevor daraus dünne, gleichgroße Pfannkuchen gebacken werden.

Vier Pfannkuchen auf ein Backblech legen, mit den Zutaten belegen und 3–4 Minuten übergrillen.

Ein Backblech mit Backpapier auslegen.
6. In einer kleinen, beschichteten Pfanne jeweils etwas Maisöl erhitzen und nacheinander 8 dünne, gleichgroße Pfannkuchen backen.
7. Vier Pfannkuchen nebeneinander auf das Backblech legen (die übrigen warmhalten), mit der Spinatmischung belegen, darauf die Tomatenscheiben anordnen und mit den Mozzarellascheiben bedecken. 1–2 Minuten unter dem Grill erhitzen, bis der Käse zerläuft. Herausnehmen und gleich mit den 4 übrigen Pfannkuchen bedecken. Sofort servieren.
Getränkeempfehlung: trockener Rotwein

KOHLRABI-SPROSSEN-ROHKOST

FÜR 4 PERSONEN ■
Zubereitungszeit:
20 Minuten
Marinierzeit:
30 Minuten
Pro Portion:
310 kcal
7 g E, 27 g F, 8 g K

4 kleine, junge Kohlrabi
2 kleine, junge Möhren
200 g Mungobohnensprossen, frisch gekeimt

DRESSING
2 Eigelb
Salz
weißer Pfeffer aus der Mühle
1 TL milder Senf
Saft von 1 Zitrone
50 g Joghurt
6 EL Sonnenblumenöl

1. Die Kohlrabi und Möhren schälen. Beides auf der groben Seite der Rohkostreibe raspeln. Die Mungosprossen verlesen. Mit den Kohlrabi- und Möhrenraspeln vermischen.
2. Für das Dressing mit einem kleinen Schneebesen die Eigelb mit Salz, Pfeffer, Senf und Zitronensaft cremig aufschlagen und nach und nach unter weiterem Schlagen das Öl dazugießen.
3. Das Dressing über die Salatzutaten gießen, alles gründlich miteinander verrühren und etwa 30 Minuten durchziehen lassen. Sie können die Zutaten auch getrennt voneinander marinieren und portionsweise auf Tellern anrichten.

CARPACCIO UND TATAR VON DER AVOCADO

FÜR 4 PERSONEN ■ ■
Zubereitungszeit:
40 Minuten
Pro Portion:
735 kcal
5 g E, 75 g F, 4 g K

4 reife Avocados
Salz
weißer Pfeffer aus der Mühle
2 vollreife Tomaten
50 g kleine Kapern

VINAIGRETTE
Salz
weißer Pfeffer aus der Mühle
2 EL Sherryessig
6 EL Traubenkernöl
2 Schalotten, gehackt
1 Knoblauchzehe, zerdrückt
50 g Kerbel

1. Die Avocados schälen, halbieren und den Kern entfernen. Zwei Avocados in feine Scheiben schneiden und auf 4 Tellern anordnen. Mit Salz und Pfeffer bestreuen.
2. Salz, Pfeffer und Essig verrühren, das Öl mit einem kleinen Schneebesen darunterschlagen. Schalotten, Knoblauch und den gehackten Kerbel untermischen, 4 schöne Kerbelzweige für die Garnitur aufbewahren. Die Avocadoscheiben mit Hilfe eines Pinsels mit einem Drittel der Vinaigrette bestreichen.
3. Die Tomaten blanchieren, häuten, halbieren und das Fruchtfleisch in kleine Würfel schneiden. Die restlichen Avocados in Würfel schneiden und mit den Kapern und den Tomaten unter die zurückbehaltene Vinaigrette mischen.
4. Das Avocadotatar in die Mitte der Teller häufen und jeweils mit einem Kerbelzweig garnieren.
Getränkeempfehlung: Kerner aus Franken oder Württemberg

BOHNENSÜLZE IM SPINATBLATT MIT ASIATISCHEM DRESSING

FÜR 6–8 PERSONEN ■ ■ ■
Zubereitungszeit:
1 Stunde
Einweichzeit:
einige Stunden oder über Nacht
Ruhezeit:
ca. 5 Stunden
Pro Portion bei 6 Personen:
340 kcal
17 g E, 16 g F, 26 g K

SÜLZE
100 g weiße getrocknete Bohnen
100 g braune getrocknete Bohnen
100 g schwarze getrocknete Bohnen
100 g grüne oder rote getrocknete Bohnen
2–3 EL Himbeeressig
Salz
weißer Pfeffer aus der Mühle
1 rote Zwiebel, gehackt
500 g große Spinatblätter
¾ l kräftiger Rinderfond (selbstgemacht)
10 Blatt weiße Gelatine

DRESSING
1–2 EL Sherryessig
Salz
weißer Pfeffer aus der Mühle
etwas frischgemahlener Piment
1 TL gehacktes Koriandergrün
2 cl Sojasauce
4 cl Sake (Reiswein) oder Sherry (Fino)
6 EL Sesamöl
30 g frischgeriebene Ingwerwurzel
1 Knoblauchzehe, fein gehackt

1. Für die Sülze die Bohnen vermischen, mit reichlich Wasser bedecken und einige Stunden, am besten über Nacht, einweichen.
2. Dann das Einweichwasser abgießen und mit frischem Wasser bedeckt im Schnellkochtopf in 15–20 Minuten gar kochen.
3. Die Bohnen abgießen, in eine Schüssel geben, nur etwas abkühlen lassen und noch warm mit dem Essig, Salz und Pfeffer sowie den Zwiebelwürfeln vermischen. Etwa 1 Stunde marinieren lassen.
4. Die Spinatblätter in kochendem Salzwasser ½ Minute blanchieren, dann in eisgekühltem Wasser abschrecken und gut abtropfen lassen. Die Blätter auf einem Tuch ausbreiten. Wenn der Spinat jung und zart ist, braucht er nicht blanchiert zu werden. Dann genügt gründliches Waschen.
5. Vom Rinderfond 0,1 l erhitzen und die kalt eingeweichte, gut ausgedrückte Gelatine darin auflösen. Mit dem restlichen Fond vermischen und abkühlen lassen, bis die Flüssigkeit leicht zu gelieren beginnt.
6. Eine runde oder längliche Terrinenform von 1,5 l Inhalt mit den Spinatblättern auskleiden. Die Bohnen auf einem Durchschlag abtropfen lassen und auf die Spinatblätter schichten. Mit dem Gelierfond begießen und mit den restlichen Spinatblättern bedecken. Im Kühlschrank mindestens 3–4 Stunden erstarren lassen.
7. Für das Dressing Essig, Salz, Pfeffer und die Gewürze gut verrühren. Sojasauce und Reiswein bzw. Sherry hinzufügen und unter Rühren das Öl dazugießen. Zum Schluß den Ingwer und Knoblauch untermischen.
8. Die Bohnensülze am besten mit einem Elektromesser in Scheiben schneiden, eventuell auf einem Blattsalat anrichten und mit dem Dressing beträufeln.
Getränkeempfehlung: Bier

Die Bohnen mischen und am besten über Nacht mit Wasser bedeckt einweichen.

Eine Schüssel wird mit Spinatblättern ausgekleidet. Die gut abgetropften und gegarten Bohnen in die Schüssel füllen.

Die Bohnen mit dem Gelierfond übergießen und 3–4 Stunden im Kühlschrank abkühlen lassen.

REIS-GEFLÜGEL-SALAT

FÜR 6–8 PERSONEN ■
Zubereitungszeit:
30 Minuten
Marinierzeit: 30 Minuten
Pro Portion:
365 kcal
20 g E, 25 g F, 11 g K

4 kleine, ausgelöste Poularden- oder Hühnerbrüste
Salz
weißer Pfeffer aus der Mühle
2 EL Öl
100 g Kürbiskerne
200 g Knollensellerie
100 g junger Porree
200 g gekochter Langkornreis

DRESSING
2 EL Sherryessig
Salz
weißer Pfeffer aus der Mühle
6 EL Kürbiskernöl
2 Schalotten, fein gewürfelt

1. Das Fleisch mit Salz und Pfeffer würzen. Das Öl in einer Pfanne erhitzen und die Brüstchen darin auf jeder Seite jeweils 2 Minuten scharf anbraten. Herausnehmen und mit Alufolie umhüllt noch 10 Minuten ruhenlassen.
2. Die Kürbiskerne in einer trockenen Pfanne rösten. Das Gemüse putzen, waschen, in feine Streifen (Juliennes) schneiden und mit dem Reis und den gerösteten Kürbiskernen in einer Schüssel vermischen.
3. Für das Dressing Essig, Salz und Pfeffer verrühren und unter weiterem Rühren das Öl hinzugießen. Zum Schluß die Schalottenwürfel untermischen.
4. Das Geflügelfleisch in Streifen schneiden und zu den übrigen Salatzutaten geben. Mit dem Dressing begießen, den Salat mischen und etwa 30 Minuten durchziehen lassen.
Getränkeempfehlung: z. B. trockener, leichter Riesling

AVOCADOSALAT MIT KÜRBIS

FÜR 4 PERSONEN ■
Zubereitungszeit:
30 Minuten
Pro Portion:
745 kcal
6 g E, 72 g F, 8 g K

200 g frisches Kürbisfleisch
100 g kleine Perlzwiebeln
Salz
50 g Pinienkerne
2 vollreife Avocados
1 Bund Brunnenkresse oder
1 Kästchen Gartenkresse

DRESSING
50 g Crème fraîche
50 g Mascarpone
1 TL milder Dijon-Senf
Salz
weißer Pfeffer
aus der Mühle
½ TL gemahlener Kurkuma
(Gelbwurz)
4 cl Sherryessig
2 cl Sake (Reiswein)
oder Sherry Fino
12 cl Olivenöl

1. Den Kürbis würfeln, die Perlzwiebeln schälen und beides in kochendem Salzwasser etwa 1 Minute blanchieren. Auf einem Sieb abtropfen lassen.
2. Die Pinienkerne in einer trockenen Pfanne rösten. Die Avocados schälen, halbieren, den Kern entfernen und das Fruchtfleisch in Spalten schneiden. Die Kresse abschneiden, von der Brunnenkresse die Blätter abzupfen.
3. Für das Dressing Crème fraîche mit Mascarpone cremig rühren. Senf, Gewürze, Essig und den Reiswein bzw. Sherry dazugeben und unter Rühren das Öl dazugießen.
4. Die Salatzutaten ohne Avokados in eine Schüssel geben, mit dem Dressing begießen und alles locker miteinander vermischen. Avokados fächerförmig auf Tellern anrichten und den Salat danebengeben.
Beilage: gebutterte Sechskornbrötchen, mit Schnittlauch bestreut

CHINAKOHLSALAT MIT MUNGOBOHNENSPROSSEN

FÜR 4 PERSONEN ■
Zubereitungszeit:
30 Minuten
Marinierzeit:
1 Stunde
Pro Portion:
325 kcal
5 g E, 27 g F, 14 g K

1 Kopf Chinakohl (ca. 500 g)
1 vollreife Mango
50 g gehackte Walnüsse
150 g Mungobohnensprossen, frisch gekeimt
50 g frischer Ingwer

DRESSING
1 Knoblauchzehe
Salz
schwarzer Pfeffer
aus der Mühle
2 EL Sojasauce
2 EL Weißweinessig
Saft von 2 Orangen
6 EL Sesamöl

1. Vom Chinakohl die äußeren Blätter entfernen, halbieren, den harten Keil in der Mitte herausschneiden und das Gemüse in feine Streifen schneiden.
2. Die Mango schälen, das Fruchtfleisch vom Kern lösen und in dünne Scheiben schneiden. Die Walnüsse in einer trockenen Pfanne rösten. Die Sprossen verlesen, den Ingwer schälen und reiben. Alle Salatzutaten in einer großen Schüssel locker vermischen.

TIP *Dieser Kohlsalat ist leicht verdaulich und wird auch von denen vertragen, die sonst kohlempfindlich sind. Chinakohl ist nur entfernt verwandt mit unseren Kohlsorten.*

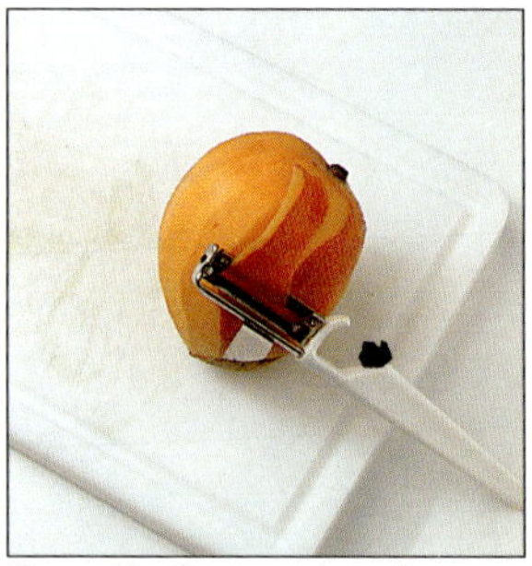

Eine reife Mango erkennt man an ihrem Duft. Am besten läßt sie sich mit einem Sparschäler schälen.

Das Fruchtfleisch vom flachen Kern der Mango schneiden.

Walnüsse in einer gußeisernen Pfanne rösten.

3. Für das Dressing Knoblauch fein hacken und mit Salz, Pfeffer, Sojasauce, Essig und frischgepreßtem Orangensaft verrühren. Unter weiterem Rühren mit einem Schneebesen das Öl hinzugießen.
4. Die Salatzutaten mit der Marinade begießen, alles gründlich vermischen und den Salat etwa 1 Stunde durchziehen lassen.
Beilage: Weizenvollkornbrioche

ROTKRAUTSALAT MIT ENTENLEBER

FÜR 4 PERSONEN ■
Zubereitungszeit:
30 Minuten
Marinierzeit: 1 Stunde
Pro Portion:
410 kcal
19 g E, 31 g F, 10 g K

½ Kopf Rotkraut (ca. 400 g)
50 g Preiselbeeren
2 EL frischgeriebener
Meerrettich

DRESSING
Salz
weißer Pfeffer
aus der Mühle
1–2 EL Rotweinessig
5 EL Olivenöl
2 rote Zwiebeln, gehackt

AUSSERDEM
8 kleine Entenlebern
Salz
weißer Pfeffer
aus der Mühle
40 g Butter

1. Vom Rotkohl die äußeren Blätter entfernen. Den Kohl vierteln und den Strunk entfernen. Die Viertel in feine Streifen (Juliennes) schneiden. Kohlstreifen mit den Preiselbeeren und dem Meerrettich in eine Schüssel geben.
2. Für das Dressing Salz, Pfeffer und Essig verrühren. Öl und Zwiebelwürfel dazugeben und die Marinade über die Salatzutaten gießen. Gründlich vermischen und etwa 1 Stunde marinieren lassen.
3. Kurz vor dem Servieren des Salates die Entenlebern von anhaftenden Fett- und Hautteilen befreien und mit Salz und Pfeffer würzen. Die Butter in einer Pfanne erhitzen und die Lebern darin bei starker Hitze auf jeder Seite 1 Minute braten.
4. Den Rotkohlsalat auf vier Teller verteilen. Die gebratenen Entenlebern darauf anrichten.
Getränkeempfehlung: fruchtiger Rotwein, z. B. Lemberger (Württemberg)

BUCHWEIZEN-
BURGER

BUCHWEIZEN-BURGER

FÜR 4 PERSONEN ■■■
Zubereitungszeit:
1 Stunde
Pro Portion:
950 kcal
24 g E, 54 g F, 83 g K

BLINI
150 g frischgemahlenes, gesiebtes Buchweizenmehl
50 g Weizenmehl Type (1050)
250 Sahne
3 Eier
Salz

BUCHWEIZENBURGER
2 mittelgroße, junge Möhren
1 Schalotte
200 g gekochte Buchweizenkörner
4 Eigelb
1 Bund Schnittlauch, fein geschnitten
feine Semmelbrösel zum Binden
Salz
weißer Pfeffer aus der Mühle

SAUCE
150 g Crème fraîche
1 TL milder Senf
2 cl Apfel-Honig-Essig
Salz
weißer Pfeffer aus der Mühle
4 cl Walnußöl
1 Bund Schnittlauch, fein geschnitten

GARNITUR
1 kleiner Eichblattsalat
1 Handvoll Feldsalat
2 Tomaten
1 Stück Salatgurke

AUSSERDEM
Öl zum Braten der Burger und Blini

1. Für die Blini das Buchweizenmehl mit dem Weizenmehl vermischen und unter Rühren mit einem Kochlöffel die Sahne und nach und nach die Eier hinzufügen. Salzen, zu einem glatten Teig verrühren und 30 Minuten quellen lassen.
2. Für die Burger die Möhren putzen, die Schalotte schälen und beides in kleine Würfel schneiden. Mit den gekochten Körnern vermischen und die Eigelb sowie den Schnittlauch unterrühren. So viel Semmelbrösel dazugeben, daß die Masse formbar ist. Mit Salz und Pfeffer würzen und 8 kleine Frikadellen daraus formen. Das Öl in einer beschichteten Pfanne erhitzen und die Buchweizenburger darin von beiden Seiten bei mittlerer Hitze jeweils 2–3 Minuten braten. Zugedeckt warmstellen.

> TIP *Buchweizen braucht übrigens nicht eingeweicht zu werden. Die Kochzeit beträgt ca. 20 Minuten.*

3. Für die Sauce Crème fraîche mit Senf, Essig, Salz und Pfeffer verrühren und unter weiterem Rühren das Öl hinzugießen. Zum Schluß den Schnittlauch unterrühren.
5. Für die Garnitur den Salat putzen, Tomaten und Gurke waschen und beides in Scheiben schneiden.
6. Das Öl in einer Pfanne erhitzen und nacheinander aus dem Teig bei mittlerer Hitze 12 kleine, gleich große Pfannkuchen backen.
7. Jeweils 1 der Blini mit Salatblättern belegen, mit etwas Sauce begießen und darauf einen Buchweizenburger setzen. Nun folgen Gurken- und Tomatenscheiben und einige Feldsalatblätter, Sauce und erneut ein Pfannkuchen. Alles wiederholen, bis die Zutaten verbraucht sind.
Getränkeempfehlung: spritziger, trockener Weißwein, z. B. Edelzwicker, Muscadet oder ein Elbling (Saar)

GRÜNKERN-PLÄTZCHEN MIT SENFSPROSSEN-QUARK UND LACHSTATAR

FÜR 6 PERSONEN ■■■
Zubereitungszeit:
1 Stunde
Einweichzeit:
3–4 Stunden
Pro Portion:
450 kcal
17 g E, 27 g F, 29 g K

GRÜNKERNPLÄTZCHEN
200 g Grünkern
1 mittelgroße Möhre
100 g Knollensellerie
Salz
2 EL gehackte Schalotte
2 EL gehackte Petersilie
3 Eigelb
50 g Semmelbrösel

SENFSPROSSENQUARK
100 g Magerquark
50 g Joghurt
2 EL milder Senf
1 EL von Zitronensaft
2 cl Noilly Prat (franz. Wermut)
100 g Senfsprossen
Salz
weißer Pfeffer aus der Mühle

LACHSTATAR
200 g Räucherlachs
Saft 1 kleinen Zitrone
2 cl Noilly Prat
1 Bund Schnittlauch, fein geschnitten
weißer Pfeffer aus der Mühle

AUSSERDEM
6–8 EL Öl zum Braten
einige Senfsprossen zum Garnieren

1. Die Grünkernkörner 3–4 Stunden oder über Nacht in reichlich Wasser einweichen. Im Schnellkochtopf in etwa 15 Minuten gar kochen.
2. Möhre und Sellerie putzen, waschen und in sehr kleine Würfelchen schneiden. In kochendem Salzwasser etwa 1 Minute blanchieren.
3. Den abgetropften Grünkern mit den Gemüsewürfeln, den Schalotten, der Petersilie und den Eigelb vermischen und mit den Semmelbröseln binden. Mit Salz und Pfeffer abschmecken.
4. Für den Senfsprossenquark den Quark und Joghurt cremig rühren, mit Senf, Zitronensaft und Noilly Prat abschmecken und die Senfsprossen untermischen. Falls nötig, mit Salz und Pfeffer würzen.
5. Für das Tatar den Räucherlachs in kleine Würfel schneiden oder mit dem Wiegemesser fein wiegen. Die übrigen Zutaten untermischen und vorsichtig mit frischgemahlenem Pfeffer würzen.
6. Aus der Grünkernmasse 6 kleine Plätzchen formen. Das Öl in einer beschichteten Pfanne erhitzen und die Plätzchen darin nacheinander bei schwacher Hitze auf beiden Seiten goldgelb backen.

> TIP *Senfsprossen sind ziemlich scharf – beim Würzen sollte man deshalb vorsichtig sein. Man kann die Sprossen selbst in einem Keimapparat ziehen (das dauert im Sommer 1–2 Tage, im Winter 2–3) oder abgepackt in gutsortierten Gemüsegeschäften oder im Naturkostladen kaufen.*

7. Die Bratlinge auf vier Teller verteilen, das Tatar daraufhäufen und je einen Klacks Sprossenquark daraufgeben. Mit Senfsprossen garnieren.
Getränkeempfehlung: Pinot bianco oder Chardonnay aus dem Friaul oder Pinot-Blanc aus dem Elsaß

KRÄUTER-KÄSE-MOUSSE MIT KIRSCHTOMATEN UND BASILIKUM

FÜR 4 PERSONEN ■
Zubereitungszeit:
20 Minuten
Ruhezeit:
ca. 1 Stunde
Pro Portion:
440 kcal
12 g E, 41 g F, 2 g K

MOUSSE
100 g Gorgonzola
200 g Mascarpone
50 g gehackte Kräuter (Petersilie, Kerbel, Basilikum)
Salz
weißer Pfeffer aus der Mühle
1 Prise Cayennepfeffer
125 g Sahne

SALAT
20 Kirschtomaten
1 Schalotte, gewürfelt
Salz
weißer Pfeffer aus der Mühle
1 TL Weinessig
2 EL Olivenöl
30–40 Basilikumblätter

1. Für die Mousse den Gorgonzola und Mascarpone, die Kräuter und Gewürze gründlich mit dem Stabmixer vermischen. Die Sahne steif schlagen und unter die Käsecreme ziehen. Etwa 1 Stunde kaltstellen.
2. Für den Salat die Tomaten waschen, halbieren und mit den Schalottenwürfeln vermischen.
3. Salz, Pfeffer und Essig verrühren, das Öl hinzufügen und die Tomaten damit marinieren.
4. Mit zwei nassen Eßlöffeln Eier aus der Käsemasse formen und auf vier Tellern anordnen. Mit dem Tomatensalat umkränzen und die Basilikumblätter darüberstreuen.

LAUWARMER KARTOFFEL-LINSEN-SALAT MIT GEBRATENER WACHTEL

FÜR 8 PERSONEN ■ ■
Zubereitungszeit:
1 Stunde
Einweichzeit:
einige Stunden
Pro Portion:
395 kcal
20 g E, 23 g F, 24 g K

150 g grüne Linsen
12 kleine, festkochende Kartoffeln
1 Bund Frühlingszwiebeln
1 Bund Schnittlauch, fein geschnitten

VINAIGRETTE
Salz
weißer Pfeffer aus der Mühle
2 EL Himbeeressig
6 EL Olivenöl
2 Schalotten, gehackt

AUSSERDEM
4 küchenfertige Wachteln
Salz
weißer Pfeffer aus der Mühle
2 EL Öl zum Braten
125 g Sahne
⅛ l Hühnerbrühe
100 g Linsensprossen zum Garnieren

1. Die Linsen einige Stunden in reichlich kaltem Wasser einweichen. Dann das Einweichwasser abgießen und die Hülsenfrüchte mit frischem Wasser im Schnellkochtopf ohne Salz in 10 Minuten al dente kochen.

> **TIP** *Für 4 Personen ist dieser feine Salat bereits eine kleine Mahlzeit.*

2. Die Kartoffeln in einem Kartoffeldämpfer mit der Schale garen. Abdecken und kurz abdampfen lassen. Dann die Schale abziehen und die Kartoffeln in Scheiben schneiden.

Die Pellkartoffeln gewinnen an Geschmack, wenn sie in Wasser mit reichlich Kümmel gar gekocht werden.

3. Die Frühlingszwiebeln waschen, putzen und in feine Scheibchen schneiden. Zwiebeln, Schnittlauch, Kartoffeln und die Linsen vermischen.
4. Für die Vinaigrette Salz, Pfeffer und Essig so lange verrühren, bis sich das Salz gelöst hat, dann unter weiterem Rühren das Öl dazugießen. Zum Schluß die Schalottenwürfel hinzufügen. Die Salatzutaten mit der Vinaigrette marinieren und warmhalten.
5. Die Wachteln auslösen, d. h. von allen Knochen befreien, so daß die Brüstchen sowie die Schenkel übrigbleiben. Die Geflügelteile salzen und pfeffern. Das Öl in einer Pfanne erhitzen und die Wachtelstücke darin bei starker Hitze von jeder Seite 1 Minute braten. Herausnehmen und mit Alufolie umhüllt warmstellen.
6. Den Bratenfond mit Sahne und Brühe ablöschen und bei starker Hitze etwas einkochen lassen.
7. Den Salat auf Teller verteilen, mit den Wachtelstücken belegen und diese mit der Sauce überziehen. Mit den Linsensprossen bestreut servieren.
Getränkeempfehlung: trockener französischer Rosé von der Loire oder trockener deutscher Spätburgunder Weißherbst

LOLLO ROSSO MIT PILZEN UND MINZESAHNE

FÜR 4 PERSONEN ■
Zubereitungszeit:
20 Minuten
Pro Portion:
345 kcal
4 g E, 33 g F, 3 g K

2 kleine Köpfe Lollo Rosso
16 große, braune Egerlinge

VINAIGRETTE
Salz
weißer Pfeffer aus der Mühle
1–2 EL Weinessig
5 EL Olivenöl

MINZE
1 unbehandelte Zitrone
150 g Crème fraîche
ca. 15 feingeschnittene Minzeblätter
Salz
weißer Pfeffer aus der Mühle
2 EL geschlagene Sahne
Minzeblätter zum Garnieren

1. Den Salat putzen, waschen und in einem Salatsieb trockenschleudern. Die Champignons putzen, nur wenn nötig, waschen, und in feine Scheiben schneiden.
2. Für die Vinaigrette Salz, Pfeffer und Essig verrühren, das Öl hinzufügen und den Salat sowie die Pilze getrennt mit der Vinaigrette marinieren.
3. Für die Minzesahne die Zitrone waschen, hauchdünn schälen und die Schale fein hacken. Dann die Frucht halbieren und den Saft auspressen. Schale und Saft mit Crème fraîche vermischen, die Minze hinzugeben und mit Salz und Pfeffer würzig abschmecken. Zum Schluß die Sahne unterziehen.
4. Jeweils in die Mitte der Teller einen Klecks Minzesahne geben und diese mit rosettenförmig angeordneten Lollo-Rosso-Blättern umkränzen. Die Pilzscheiben dazwischen anordnen und mit Minze garnieren.

TOMATENTERRINE MIT STEINBUTT

FÜR 6–8 PERSONEN ■ ■ ■
Zubereitungszeit:
1½ Stunden
Ruhezeit:
24 Stunden
Kühlzeit:
ca. 5 Stunden
Pro Portion bei 6 Personen:
130 kcal
15 g E, 2 g F, 12 g K

300 g frisches Steinbuttfilet
Saft von 1 Zitrone
½ TL Salz
½ TL Zucker
einige Estragonzweige

TOMATENSÜLZE
2 kg vollreife Fleischtomaten
⅛ l Rinder- oder Geflügelbrühe
2 cl Noilly Prat (franz. Wermut)
Salz
weißer Pfeffer aus der Mühle
einige Estragonblätter
2–3 EL Estragonessig
10 Blatt weiße Gelatine

AUSSERDEM
je 100 g Möhren, Porree und Knollensellerie
Salz

1. Das Steinbuttfilet trockentupfen und auf eine Porzellanplatte legen. Mit Zitronensaft beträufeln und mit Salz und Zucker sowie den feingehackten Estragonblättern bestreuen. Mit Klarsichtfolie umhüllt 24 Stunden im Kühlschrank beizen lassen.
2. Am nächsten Tag für die Sülze die Tomaten waschen, vierteln und die Stengelansätze entfernen. Mit dem Fond, Noilly Prat, Salz und Pfeffer, Estragonblättern sowie dem Essig im Mixer fein pürieren. Das Tomatenmus dann durch ein feines Sieb streichen und noch einmal durch ein mit einem Passiertuch ausgelegtes Sieb abtropfen lassen. Dabei keinesfalls zu fest umrühren, da der abgetropfte Tomatensaft völlig klar sein soll. Die entstandene Tomatenflüssigkeit muß mindestens ½ Liter betragen. Reicht die Menge nicht aus, müssen noch zusätzlich Tomaten püriert und durchgefiltert werden.

> **TIP** *Der Aufwand für diese Vorspeise lohnt sich nur, wenn Sie vollreife, sonnengereifte Tomaten verwenden.*

3. Die Gelatineblätter in kaltem Wasser einweichen, in wenig heißer Flüssigkeit auflösen und langsam mit dem Tomatensaft vermischen.
4. Möhren, Porree und Knollensellerie putzen, waschen und in winzige Würfel schneiden. In kochendem Salzwasser 1 Minute blanchieren. Die Estragonblätter von dem gebeizten Steinbutt entfernen und das Fischfilet sofort in sehr feine Scheibchen schneiden.
5. Eine Terrinenform von 1 l Fassungsvermögen mit einem ½ cm hohen Tomatenspiegel ausgießen und diesen im Kühlschrank in etwa 20 Minuten erstarren lassen. Darauf etwas von den Gemüsewürfeln verteilen, mit den Fischscheibchen belegen und diesen Vorgang so lange wiederholen, bis alle Zutaten aufgebraucht sind. Zum Schluß mit dem restlichen Tomatengelee vorsichtig auffüllen und die Sülze für 4–5 Stunden kaltstellen.
6. Die Sülze am besten mit einem kalt abgespülten Messer in Scheiben schneiden.
Beilage: Crème fraîche, vermischt mit Kaviar, kleine Cherry-Tomaten und knuspriges Weißbrot
Getränkeempfehlung: vorzugsweise ein Pinot Grigio aus dem Friaul

RUCULASALAT MIT GEKOCHTEM KALBSHERZ IN GEMÜSE-VINAIGRETTE

FÜR 4 PERSONEN ■ ■
Zubereitungszeit:
1 Stunde 45 Minuten
Pro Portion:
450 kcal
12 g E, 39 g F, 7 g K

1 l Wasser
1 Möhre
1 Stange Porree
50 g Knollensellerie
2 Lorbeerblätter
6–8 Pfefferkörner
Meersalz
1 Kalbsherz

VINAIGRETTE
je 100 g Knollensellerie, Porree, Möhren
1 Schalotte, gehackt
1 TL frischgehacktes Liebstöckel
⅛ l Kalbsherzbrühe
5 cl Weißweinessig
10 cl Haselnußöl
Salz
weißer Pfeffer aus der Mühle

SALAT
1 Bund Rucula (400 g)
2 kleine Köpfe Radicchio
1 EL Weißweinessig
Salz
weißer Pfeffer aus der Mühle
3 EL Haselnußöl
1 Bund Schnittlauch, fein geschnitten

1. Das kalte Wasser mit dem geputzten, kleingeschnittenen Gemüse in einen Kochtopf geben, die Gewürze dazugeben und das Kalbsherz einlegen. Alles zum Kochen bringen und zugedeckt 1½ Stunden bei schwacher Hitze köcheln lassen.
2. Für die Vinaigrette das Gemüse putzen, waschen und in winzige Würfel schneiden. In kochendem Salzwasser 1 Minute blanchieren, dann kurz in eisgekühltem Wasser abschrecken und in eine Schüssel geben. Schalottenwürfel und Liebstöckel dazugeben, mit Brühe, Essig und Öl vermischen und mit Salz und Pfeffer abschmecken.
3. Für den Salat die Rucularblätter verlesen, dabei die harten Stiele entfernen. Die Radicchioköpfe halbieren, die inneren weißen Keile entfernen und die Hälften in feine Streifen schneiden. Beide Salate kurz waschen und in einem Salatsieb trockenschleudern. Essig, Salz, Pfeffer, Öl und Schnittlauch verrühren und den Salat damit anmachen.

> **TIP** *Rucula (Rauke) wird vor allem aus Italien und Frankreich importiert. Sie gedeiht aber auch bei uns, und man kann sie auch selbst im eigenen Garten anbauen. Die Blätter haben ein sehr intensives Aroma, und deshalb sollte man sie mit anderen Salatsorten kombinieren.*

4. Das gekochte Herz aus der Brühe nehmen und in feine Scheiben schneiden.
5. Vier Teller mit dem Rucula-Radicchio-Salat auslegen, die Herzscheiben in der Mitte anrichten und mit der Gemüsevinaigrette bedecken.
Getränkeempfehlung: trockener Weißburgunder (Rheinhessen oder Rheinpfalz)

TOMATENMOUSSE MIT KRESSESALAT UND WACHTEL-EIERN

FÜR 4 PERSONEN ■■
Zubereitungszeit:
30 Minuten
Ruhezeit:
ca. 4 Stunden
Pro Portion:
565 kcal
13 g E, 51 g F, 7 g K

500 g überreife Tomaten
50 g Butter
2 EL Tomatenmark
einige Estragonzweige
Salz
weißer Pfeffer
aus der Mühle
1 Prise Zucker
2 EL Estragonessig
6 Blatt Gelatine
250 g Sahne

SALAT
12 Wachteleier
4 Kästchen Kresse
1 EL Estragonessig
4 EL Olivenöl

1. Die Tomaten waschen, vierteln und die Stengelansätze entfernen. Die Butter in einem Schmortopf erhitzen und die Tomaten darin andünsten. Das Tomatenmark und die feingehackten Estragonblätter dazugeben, mit Salz, Pfeffer, Zucker und Estragonessig würzen und etwas einkochen lassen.
2. Die Gelatine in kaltem Wasser einweichen und gut ausgedrückt unter die Tomaten mischen.
3. Die Tomatenmischung im Mixer fein pürieren, dann durch ein Sieb streichen und in eine Schüssel füllen. Die Sahne steif schlagen und, sobald das Gelee fest zu werden beginnt, unterziehen. 3–4 Stunden kühlen.
4. Für den Salat die Wachteleier 2–3 Minuten kochen, kalt abschrecken und schälen. Die Kresse abschneiden und mit einer Marinade aus Salz, Essig und Öl anmachen.
5. Den Kressesalat kranzförmig auf vier Tellern anrichten. Aus der Tomatenmousse mit einem in heißes Wasser getauchten Eßlöffel Eier ausstechen und in die Mitte legen. Die Wachteleier im Kressekranz verteilen.

Tomatenwürfel, Kräuter, Gewürze und Essig etwas einkochen lassen.

Die Tomaten-Kräuter-Mischung fein pürieren.

Die eingeweichte Blattgelatine gut ausdrücken und unter die heiße Tomatenmasse mischen. Kurz bevor das Gelee erstarrt, die steifgeschlagene Sahne darunter ziehen.

TERRINE VON ZWEIERLEI SPARGEL

Foto Seite 86

FÜR 6 PERSONEN ■■■
Zubereitungszeit:
45 Minuten
Kühlzeit:
ca. 4 Stunden
Pro Portion:
340 kcal
7 g E, 33 g F, 2 g K

150 g weißer Spargel
150 g grüner Spargel
½ l Rinder- oder
Gemüsefond
Salz
100 g Butter
8 Blatt weiße Gelatine
150 g Sahne

1. Den weißen Spargel schälen und die Enden abschneiden. Den grünen Spargel nur waschen. Beide Sorten in Stücke schneiden und getrennt in jeweils ¼ l Brühe mit Salz, Zucker und je 50 g Butter weich kochen.
2. Die Gelatine in kaltem Wasser einweichen.
3. Die gekochten Spargel getrennt im Mixer pürieren, dabei jeweils 4 Blatt gut ausgedrückte Gelatine dazugeben. Das Püree durch ein Sieb streichen.
4. Die Spargelcremes so lange kaltstellen, bis sie fest zu werden beginnen. Die Sahne steif schlagen und jeweils die Hälfte unter die Spargelcremes ziehen.
5. Die grüne Spargelmousse in eine Kastenform von 25 cm Länge füllen und die weiße Mousse darüber verteilen. Mit einem Löffel spiralenförmig durch die beiden Farcen gehen, damit ein Muster entsteht.
6. Die Terrine mindestens 4 Stunden kaltstellen. Dann in Scheiben geschnitten anrichten.
Beilage: lauwarme Spargelstangen und eine leichte Vinaigrette
Getränkeempfehlung: leichter, neutraler Weißwein, z. B. Silvaner

KRÄUTERQUARK-TERRINE MIT PELLKARTOFFELN

FÜR 4 PERSONEN ■
Zubereitungszeit:
40 Minuten
Kühlzeit: ca. 3 Stunden
Pro Portion:
290 kcal
24 g E, 10 g F, 23 g K

8–10 Blatt weiße Gelatine
125 g Sahne
500 g Quark
8 mittelgroße Radieschen
100 g junger Rettich
1 Bund Schnittlauch
1 Handvoll frischer Kerbel
5–6 Borretschblätter
1 Bund glatte Petersilie
Saft von 1 Zitrone
Salz
weißer Pfeffer
500 g kleine Kartoffeln
1 TL Kümmel
Petersilienblätter

1. Die Gelatine in kaltem Wasser einweichen. Die Sahne erwärmen und die ausgedrückte Gelatine darin auflösen.
2. Etwas Quark mit der Sahne vermischen, glattrühren und zum restlichen Quark geben.
3. Radieschen und Rettich waschen, beides klein würfeln. Den Schnittlauch fein schneiden, die übrigen Kräuter hacken. Alles unter die Quarkmasse mischen und mit Zitronensaft, Salz und Pfeffer herzhaft abschmecken. In kleine, runde Förmchen oder eine längliche Terrinenform (ca. 18 cm) füllen und mit Sichtfolie bedeckt im Kühlschrank in etwa 3 Stunden erstarren lassen.
4. Die Kartoffeln gründlich abbürsten, waschen und in Salzwasser mit Kümmel gar kochen. Das Wasser abgießen, die Kartoffeln abdampfen lassen und die Terrine auf Teller stürzen oder in Scheiben schneiden. Mit Petersilienblättern dekorieren.
Beilage: Rettichsalat in einer Joghurtmarinade

CARPACCIO VOM RINDERFILET MIT EICHBLATTSALAT UND BAUMTOMATEN

FÜR 4 PERSONEN ■■
Zubereitungszeit:
30 Minuten
Pro Portion:
550 kcal
15 g E, 47 g F, 10 g K

1 Kopf Eichblattsalat
4 vollreife Baumtomaten (Tamarillos)

VINAIGRETTE
Salz
weißer Pfeffer aus der Mühle
1 EL alter Aceto Balsamico
1–2 EL Schalottenessig
8 EL Olivenöl
4 kleine Schalotten, gehackt
1 Bund Schnittlauch, fein geschnitten

AUSSERDEM
200 g leicht angefrorenes Rinderfilet
80 g geröstete Mandelblättchen

1. Die Blätter des Eichblattsalates ablösen, in kleine Stücke pflücken und kurz waschen. In einem Salatsieb trockenschleudern. Von den Baumtomaten (Tamarillos) die Haut abziehen. Die Früchte in Scheiben schneiden.
2. Für die Vinaigrette Salz, Pfeffer und die Essigsorten verrühren, bis sich das Salz gelöst hat. Dann unter weiterem Rühren das Öl dazugießen. 2 Eßlöffel von der Vinaigrette abnehmen und den Eichblattsalat damit anmachen. Unter die restliche Salatsauce die Schalottenwürfel und den Schnittlauch mischen.
3. Das Rinderfilet in dünne Scheiben schneiden und zwischen zwei Gefrierbeuteln mit der glatten Seite des Fleischklopfers plattklopfen. Sofort auf vier Tellern anordnen und mit der Schalottenvinaigrette beträufeln.
4. Den Eichblattsalat in der Mitte anrichten, die Baumtomatenscheiben zwischen die Salatblätter stecken und alles mit den Mandelblättchen bestreuen.

Die dünn geschnittenen Rinderfiletscheiben werden zwischen Gefrierbeutel gelegt und plattgeklopft.

TIP *Baumtomaten (Tamarillos) schmecken nur geschält. Man kann die Früchte wie Tomaten, also herzhaft, verwenden, aber auch zu Süßspeisen. Tamarillos werden vorwiegend aus Südamerika, Kenia und Neuseeland importiert. Sie sind ganzjährig zu bekommen, sollten aber nach dem Einkauf möglichst bald verwendet werden.*

SAUERKRAUTSALAT MIT GERÄUCHERTER ENTENBRUST

FÜR 4 PERSONEN ■■
Zubereitungszeit:
40 Minuten
Pro Portion:
730 kcal
29 g E, 59 g F, 12 g K

2 säuerliche Äpfel
400 g frisches Sauerkraut
1 kleiner Kopf grüner Salat
2 geräucherte Entenbrüste
Apfelspalten zum Garnieren

DRESSING
250 g saure Sahne
15 cl Traubenkernöl
5 cl Sherryessig
5 cl trockener Sekt oder Weißwein
Salz
weißer Pfeffer aus der Mühle
2 kleine Schalotten, gehackt
1 Bund Schnittlauch, fein geschnitten

1. Für das Dressing die Sahne mit Öl, Essig, Sekt oder Wein verquirlen, mit Salz und Pfeffer würzen und zum Schluß die Schalotten und den Schnittlauch untermischen.
2. Die Äpfel waschen, vierteln und die Kerngehäuse entfernen. Die Früchte fein raspeln, mit dem etwas kleingeschnittenen Sauerkraut vermischen und mit der Hälfte des Dressings marinieren.
3. Den Salat putzen, die inneren Blätter ganz belassen, die äußeren in kleine Stücke zerpflücken. Waschen und in einem Salatsieb trockenschleudern. Die Entenbrüste in feine Scheiben schneiden.
4. Den Salat in dem restlichen Dressing marinieren und die Blätter auf 4 Teller verteilen. In die Mitte den Krautsalat geben und mit den Entenbrustscheiben und Apfelspalten garnieren.
Getränkeempfehlung: Riesling aus dem Elsaß

BRUNNENKRESSE MIT KOHLRABI-APFEL-ROHKOST

FÜR 4 PERSONEN ■■
Zubereitungszeit:
40 Minuten
Pro Portion:
300 kcal
5 g E, 25 g F, 12 g K

2 junge Kohlrabi mit Grün
2 kleine, säuerliche Äpfel
2 Bund Brunnenkresse
50 g Erdnüsse mit Schale

DRESSING
Salz
schwarzer Pfeffer
2 EL Apfelessig
5 EL Erdnußöl
1 kleine Schalotte, gehackt

KRESSEJOGHURT
150 g Joghurt
½ TL milder Senf
Saft von 1 Zitrone
Salz
schwarzer Pfeffer

1. Kohlrabi putzen, die inneren Blätter fein hacken und für das Dressing beiseite legen. Das Gemüse schälen, erst in dünne Scheiben, dann in feine Streifen schneiden. Die Äpfel schälen und grob raspeln. Die Kresse waschen, in einem Salatsieb trockenschleudern und die kleinen Blättchen für den Salat zupfen. Die größeren für den Kressejoghurt aufbewahren. Die Nüsse schälen und halbieren.
2. Salz, Pfeffer, Essig und Öl verrühren, die Schalottenwürfel und die Kohlrabiblätter hinzufügen und die Salatzutaten damit marinieren.
3. Für den Kressejoghurt alle Zutaten und die Kresse in den Mixer geben.
4. Jeweils etwas Kressejoghurt auf 4 Teller verteilen, den Salat locker darüberstreuen und in die Mitte je einen Klecks des restlichen Joghurts geben. Mit Erdnüssen bestreuen.
Getränkeempfehlung: gespritzter Apfelwein oder Mineralwasser

KEFIR-KAVIAR-PARFAIT MIT SALAT VON LANGOSTINOS

FÜR 4 PERSONEN ■■
Zubereitungszeit:
40 Minuten
Kühlzeit:
ca. 2 Stunden
Pro Portion:
630 kcal
21 g E, 54 g F, 9 g K

PARFAIT
6 Blatt weiße Gelatine
500 g Kefir
Saft von 1 Zitrone
2 cl Noilly Prat
(franz. Wermut)
Salz aus der Mühle
100 g gemischter Kaviar
(von Lachs, Forelle und Stör)
100 g Sahne

SALAT
24 kleine Langostinos
10 EL Olivenöl
1 kleine Schalotte, gehackt
Salz
weißer Pfeffer
aus der Mühle
2 EL Sherryessig
1 Bund Dill, gehackt

1. Für das Parfait die Gelatine in kaltem Wasser einweichen.
2. Den Kefir mit Zitronensaft und Noilly Prat gründlich verrühren und mit Salz abschmecken. Einige Eßlöffel davon in einem kleinen Topf erwärmen und die eingeweichte, gut ausgedrückte Gelatine unter Rühren darin auflösen. Dann mit dem Kaviar unter den restlichen Kefir mischen. Masse kaltstellen, bis sie zu gelieren beginnt. Die Sahne steif schlagen und gleichmäßig unter die Kefirmischung heben. In 4 kleine Souffléförmchen (ca. 8 cm Durchmesser) füllen und in etwa 2 Stunden erstarren lassen.
3. Für den Salat die Langostinos schälen und mit einem spitzen Messer den fadenförmigen schwarzen Darm entfernen. Die Hälfte des Öls in einer großen Pfanne erhitzen und die Langostinos darin von allen Seiten anbraten. Aus der Pfanne nehmen, mit den Schalottenwürfeln, Salz und Pfeffer würzen und mit dem Essig und dem restlichen Öl vermischen. Den Dill zum Schluß mit den Meeresfrüchten vermischen.
4. Die Langostinos mit der Schalotten-Öl-Sauce auf 4 Teller verteilen und etwas abkühlen lassen. Die Souffléförmchen in heißes Wasser tauchen und die Parfaits auf die vorbereiteten Teller stürzen.
Beilage: Vollkornbaguette
Getränkeempfehlung: trockener, schlanker Weißwein, z. B. französischer oder italienischer Sauvignon

BATAVIASALAT IN RADIESCHEN-VINAIGRETTE MIT GEKOCHTER RINDERBRUST

FÜR 4–6 PERSONEN ■■
Zubereitungszeit:
1 Stunde
Pro Portion bei 6 Personen:
330 kcal
7 g E, 27 g F, 13 g K

8 kleine, festkochende
Kartoffeln
Kümmel
3 EL Öl
Salz
2 kleine Köpfe Bataviasalat
1 Bund Radieschen
200 g gekochte Rinderbrust,
in dünne Scheiben
geschnitten

VINAIGRETTE
Salz
4 cl Weißweinessig
⅛ l Rinderfond
8 cl Erdnußöl
weißer Pfeffer
aus der Mühle
1 Bund Radieschen

1. Die Kartoffeln waschen und mit Kümmel im Kartoffeldämpfer garen. Kurz abdampfen lassen und die

Die Rinderbrust wird zusammen mit Suppengrün gekocht. Das abgekühlte Fleisch zum Schluß in dünne Scheiben schneiden.

Haut abziehen. Das Öl in einer beschichteten Pfanne erhitzen, die Kartoffeln zugeben, salzen und rundum knusprig braten, dann warmstellen.
2. Den Salat putzen, waschen und in einem Salatsieb trockenschleudern. Die inneren kleinen Blätter ganz belassen, die größeren in Streifen schneiden. Die Radieschen putzen, waschen und in feine Scheiben schneiden.
3. Für die Vinaigrette Salz, Essig, Brühe und Öl miteinander verquirlen. Die geputzten, gewaschenen Radieschen ganz fein hacken und untermischen. Salatstreifen, Radieschenscheiben und die gebratenen Kartoffeln getrennt in zwei Dritteln der Vinaigrette marinieren.
4. Vier Teller mit den ganz belassenen Salatblättern auslegen. Die Salatzutaten darauf anrichten, mit den Rinderbrustscheiben belegen und mit der restlichen Vinaigrette beträufeln.
Getränkeempfehlung: leichter Weißwein, z. B. einen Gutedel aus dem Markgräflerland

TIP *Gekochte Rinder- oder Ochsenbrust gibt es auch beim Metzger fertig zu kaufen.*

SALAT VON KIDNEYBOHNEN MIT SCHAFSKÄSE UND ROTEN ZWIEBELN

FÜR 4 PERSONEN ■
Zubereitungszeit:
20 Minuten
Pro Portion:
545 kcal
24 g E, 32 g F, 42 g K

250 g Kidneybohnen
(aus der Dose)
3 rote Zwiebeln
1 Bund Basilikum
4 Tomaten (ca. 400 g)
200 g Schafskäse
100 g Azukibohnen- oder
Alfalfasprossen

VINAIGRETTE
Salz
1–2 EL Aceto Balsamico
1–2 EL Rotweinessig
6 EL Olivenöl
weißer Pfeffer
aus der Mühle

1. Die Bohnen mit der Dosenflüssigkeit in einen Kochtopf schütten und bei mittlerer Hitze etwas erwärmen, aber keinesfalls kochen lassen.
2. Die Zwiebeln schälen und in feine Ringe, das Basilikum in feine Streifen schneiden. Die Tomaten kurz blanchieren, die Haut abziehen, halbieren und das Fruchtfleisch ohne Stengelansätze und Kerne achteln. Den Schafskäse in Würfel schneiden.
3. Die erwärmten Bohnen auf einem Sieb abtropfen lassen und mit den übrigen Salatzutaten vermischen.
4. Für die Vinaigrette alle Zutaten gründlich miteinander verquirlen und über den Salat gießen. So lange ziehen lassen, bis die Bohnen abgekühlt sind.
Beilage: Mehrkornbrot

Das Thema Vorspeisen, Salate und Snacks ist für die Schnelle Küche wahrhaftig ein gefundenes Fressen. In Minuteneile stehen kalte, lauwarme oder heiße Sachen für den kleinen Appetit auf dem Tisch, ohne daß sich ein guter Küchengeist besonders plagen müßte. Die ideale Rezeptzusammenstellung für Singles und andere Berufstätige, denen nach Feierabend der Sinn nicht nach Allerwelts-Spiegeleiern oder Kalten Platten steht, sondern nach kleinen, feinen Häppchen: etwa einem Matjestatar oder gratinierten Kräutertomaten. Der eilige Feinschmecker zieht ein Carpaccio mit Champignons oder Feldsalat mit Putenbrust und Mangosauce allemal dem Hamburger mit Ketchup oder heißen Würstchen vor, der zwar den Magen füllt, den Gaumen aber verkümmern läßt. Für alle, die aus dem Vorspeisen- und Salatangebot dieses Kapitels eine ganze Mahlzeit zusammenstellen möchten, sind Beilagen empfohlen.

Lauwarmer Spargel mit Kerbelcreme (Rezept Seite 113)

KARTOFFEL-CHAMPIGNON-TORTILLA

FÜR 4 PERSONEN ■■
Zubereitungszeit:
30 Minuten
Pro Portion bei 2 Personen:
710 kcal
22 g E, 54 g F, 28 g K

400 g Kartoffeln (mehlige Sorte)
8 EL Olivenöl
1 große Zwiebel, fein gehackt
200 g Champignons
1 Bund Schnittlauch, kleingeschnitten
Salz
schwarzer Pfeffer aus der Mühle
frischgeriebene Muskatnuß
5 Eier
Schnittlauch zum Bestreuen

1. Die Kartoffeln schälen und waschen.
2. Die Hälfte des Öls in einer Pfanne von 22 cm Durchmesser erhitzen und die Kartoffeln mit dem Gurkenhobel direkt über der Pfanne schneiden.
3. Die Zwiebelwürfel untermischen und unter Wenden bei milder Hitze 1 Minute braten.

TIP *Wer es deftiger mag, kann noch ca. 100 g kleine Schinkenwürfel untermischen. Dann ergibt die Tortilla mit einem kleinen Tomatensalat ein wunderbares Abendessen für zwei Personen.*

4. Die Champignons putzen, kurz abbrausen oder mit Küchenkrepp abreiben. Blättrig schneiden, unter die Kartoffeln mischen und mitbraten. Den Schnittlauch zufügen und mit Salz, Pfeffer und Muskat kräftig würzen. Etwas abkühlen lassen.

Die rohen Kartoffeln mit einem Gurkenhobel in die Pfanne hobeln.

Mit einem großen Teller die Tortilla wenden und die andere Seite fertig braten.

5. Die Eier in einer Schüssel aufschlagen, gut verquirlen und die Kartoffel-Champignon-Mischung zufügen.
6. Das restliche Olivenöl in die Pfanne geben und heiß werden lassen. Die Mischung einfüllen und 10 Minuten braten. Mit Hilfe eines Tellers wenden und in weiteren 10 Minuten fertiggaren.
7. Die Tortilla auf einen Teller gleiten lassen und mit kleingeschnittenem Schnittlauch bestreuen. In Tortenstücke schneiden und servieren.
Getränkeempfehlung: trockener Sherry (Fino)

KRABBENCREME AUF TOAST

FÜR 4 PERSONEN ■
Zubereitungszeit:
20 Minuten
Pro Portion:
340 kcal
10 g E, 18 g F, 33 g K

200 g Krabben (Tiefseegarnelen)
3 EL Sahnequark
Salz
weißer Pfeffer aus der Mühle
1 Msp. Cayennepfeffer
1 EL Zitronensaft
2 Bund Dill, davon 1½ Bund fein gehackt
1 kleines Stangenweißbrot
60 g Butter

1. Von den Krabben 12 schöne Exemplare aussuchen und beiseite legen.
2. Die restlichen Krabben mit dem Sahnequark im Mixer zu einer geschmeidigen Creme verarbeiten. Mit Salz, Pfeffer, Cayennepfeffer und Zitronensaft kräftig abschmekken und den feingehackten Dill gleichmäßig unterheben. Kaltstellen.
3. Das Weißbrot in 12 etwa 1½ cm dicke Scheiben schneiden und im Toaster rösten.
4. Das Weißbrot mit Butter, dann mit der Krabbencreme bestreichen. Jeweils ein Dillzweiglein und eine Krabbe in die Mitte setzen. Auf Teller oder einer Platte anrichten.
Getränkeempfehlung: Sekt oder Prosecco

TIP *Diese Creme läßt sich auch gut in etwa 5 cm lange Stücke von Staudensellerie streichen.*

MARINIERTE MOZZARELLA AUF RADICCHIO

FÜR 4 PERSONEN ■
Zubereitungszeit:
20 Minuten
Pro Portion:
335 kcal
16 g E, 27 g F, 2 g K

2 Kugeln Mozzarella (je ca. 150 g)

MARINADE
1 EL rosa Pfeffer
2 Knoblauchzehen
4 EL Weißweinessig
6 EL Olivenöl, extra vergine
1 TL frische Thymianblättchen
1 TL frische Oreganoblättchen

AUSSERDEM
½ Salatgurke
1 kleiner Kopf Radicchio

1. Die Mozzarellakugeln in Würfel von ½ cm Kantenlänge schneiden und in eine Schüssel füllen.
2. Für die Marinade den rosa Pfeffer in einem Mörser grob zerstoßen. Den geschälten Knoblauch durch die Presse dazudrücken. Weißweinessig, Olivenöl, Thymian und Oregano untermischen. Die Sauce über die Mozzarellawürfel gießen und 10 Minuten ziehen lassen, mehrmals vorsichtig wenden.
3. Die Gurke schälen und mit einem Eßlöffel entkernen. Das Fruchtfleisch ebenso groß wie die Käsewürfel schneiden und untermischen.
4. Den Radicchio putzen, waschen, trockentupfen und die äußeren großen Blätter als Bett auf 4 Teller legen. Die kleinen Blätter in feine Streifen schneiden und mit den Mozzarella-Gurkenwürfeln mischen. Nochmals abschmecken und auf den Blättern verteilen.
Beilage: Vollkornbrötchen
Getränkeempfehlung: Bier

TOMATEN MIT THUNFISCH-FÜLLUNG

FÜR 4 PERSONEN
Zubereitungszeit:
20 Minuten
Pro Portion:
165 kcal
11 g E, 10 g F, 5 g K

4 mittelgroße Fleischtomaten (ca. 600 g)
2 Dosen Thunfisch naturell (je ca. 140 g Abtropfgewicht)
3 EL Crème fraîche
Saft von ½ Zitrone
2 Kästchen Kresse
Salz
weißer Pfeffer aus der Mühle
1 TL Meerrettich (aus dem Glas)

1. Die Tomaten waschen, dann einen Deckel abschneiden, davon den Stengelansatz entfernen. Die Kerne mit einem Teelöffel herausnehmen, dann das weiche Fruchtfleisch. Die Deckel und das Fruchtfleisch kleinschneiden.
2. Den Thunfisch in einem Sieb kurz abtropfen lassen, dann in einer Schüssel mit einer Gabel zerdrücken. Die Tomatenstückchen zufügen und mit der Crème fraîche und dem Zitronensaft zu einer geschmeidigen Masse verrühren.
3. Die Kresse abbrausen und die Blättchen mit einer Schere über der Schüssel abschneiden und unterheben. Die Mischung mit Salz, Pfeffer und Meerrettich kräftig abschmecken.
4. Die Tomaten innen salzen, pfeffern und mit der Thunfischcreme füllen.
Beilage: Landbrot und Butter
Getränkeempfehlung: Sekt oder leichter Weißwein

Von den gewaschenen Tomaten jeweils einen Deckel abschneiden.

Die Tomaten vorsichtig mit einem Löffel aushöhlen.

Aus Thunfisch, Tomatenfruchtfleisch, Zitronensaft, Crème fraîche und Kräutern wird eine geschmeidige Füllung bereitet.

Die Thunfischcreme in die Tomaten füllen und mit etwas Kresse bestreuen.

MATJESTATAR MIT KARTÖFFELCHEN

FÜR 4 PERSONEN
Zubereitungszeit:
25 Minuten
Pro Portion:
265 kcal
13 g E, 18 g F, 8 g K

250 g kleine, möglichst gleich große Kartoffeln
1 TL Kümmel
300 g Matjesfilet, küchenfertig (ca. 6 Stück)
1 kleine Knoblauchzehe
1 Bund Schnittlauch, kleingeschnitten
1 TL Kapern (Non pareilles)
1 TL Zitronensaft
1 EL Crème fraîche
Salz
weißer Pfeffer aus der Mühle

1. Die Kartoffeln knapp mit Wasser bedeckt, in einem kleinen Topf, in 20 Minuten garen, den Kümmel zufügen und mitkochen.
2. Die Matjesfilets zunächst in schmale Längsstreifen schneiden, dann quer in winzige Würfel. In eine Schüssel füllen und die geschälte Knoblauchzehe durch die Presse dazudrücken. Die Hälfte des Schnittlauchs einstreuen.
3. Die Kapern fein hakken und mit dem Zitronensaft und der Crème fraîche zufügen. Alles gut mischen und mit Salz und Pfeffer kräftig würzen.
4. Die Kartoffeln schälen, auf 4 Teller verteilen und das Matjestatar daneben setzen. Mit dem restlichen Schnittlauch bestreuen.
Beilage: Butter für die Kartoffeln, Salz und Pfeffer
Getränkeempfehlung: Bier

LACHS MIT ZITRONEN-DILL-SAUCE

FÜR 4 PERSONEN
Zubereitungszeit:
15 Minuten
Pro Portion:
255 kcal
15 g E, 18 g F, 3 g K

1 EL scharfer Senf
3 Eigelb
Salz
weißer Pfeffer aus der Mühle
Saft von 2 Zitronen
2 EL Sojaöl
1 Schalotte, fein gehackt
2–3 Bund Dill (je nach Größe), fein gehackt
250 g Räucherlachs in dünnen Scheiben

1. Den Senf mit dem Eigelb in eine Rührschüssel füllen und verrühren. Die Mischung salzen, pfeffern und den Zitronensaft zufügen. Mit dem Handrührer oder dem Schneebesen kräftig durchschlagen, dabei das Sojaöl langsam einfließen lassen.
2. Die Schalotte und den Dill unter die Sauce heben und nochmals abschmekken.
3. Die Lachsscheiben locker auf 4 Teller verteilen und mit der Sauce übergießen.
Beilage: Vollkorntoast und Butter
Getränkeempfehlung: Sekt oder Champagner

TIP *Preisgünstiger als der Lachs ist geräuchertes Forellenfilet, auch dazu paßt die Sauce hervorragend. Wer lieber Fleisch mag, kann zu der Sauce einen dünn aufgeschnittenen Rindersaftschinken reichen.*

ZUCCHINIFRITTATA MIT SONNENBLUMENKERNEN

FÜR 4 PERSONEN ■■
Zubereitungszeit:
30 Minuten
Pro Portion:
240 kcal
10 g E, 19 g F, 4 g K

400 g Zucchini,
möglichst klein
4 EL Olivenöl
2 EL Sonnenblumenkerne
2 Knoblauchzehen
1 große Zwiebel,
fein gehackt
Salz
schwarzer Pfeffer
aus der Mühle
4 Eier

1. Die Zucchini waschen, vom Stengelansatz befreien und in dünne Scheiben schneiden oder auf der Gemüsereibe grob raspeln.
2. Die Hälfte des Olivenöls in einer breiten Pfanne erhitzen. Die Sonnenblumenkerne darin kurz anrösten. Den geschälten Knoblauch durch die Presse dazudrücken, die Zwiebelwürfel und die Zucchinischeiben oder -raspeln untermischen und bei mittlerer Hitze 7–8 Minuten dünsten, dabei öfters umrühren. Anschließend salzen, pfeffern und etwas abkühlen lassen.
3. Die Eier in einer Schüssel verquirlen. Die gedünsteten Zucchini untermischen.

> **TIP** *Sehr würzig schmeckt die Frittata, wenn man statt der Sonnenblumenkerne kleine Salamiwürfel ausbrät, etwa 100 g. Mit einem knackigen Blattsalat hat man ein schönes Abendessen für zwei Personen.*

Die Zucchini mit Knoblauch, Zwiebeln und Sonnenblumenkernen anbraten.

Das gebratene Zucchinigemüse unter die verquirlten Eier mischen.

4. Das restliche Olivenöl wieder in der Pfanne erhitzen und die Mischung hineingeben. Bei milder Hitze stocken lassen, dabei leicht an der Pfanne rütteln, damit nichts ansetzt. Die Frittata vorsichtig mit Hilfe eines Tellers wenden und in weiteren 5 Minuten fertigbraten.
5. Die Zucchinifrittata aus der Pfanne auf einen Teller gleiten lassen und in Viertel oder Achtel schneiden. Heiß, lauwarm oder kalt servieren.
Beilage: frisches Brot
Getränkeempfehlung: leichter, trockener Weißwein, vorzugsweise Verdicchio

MOZZARELLA-TOMATEN-TOAST

FÜR 4 PERSONEN ■
Zubereitungszeit:
20 Minuten
Pro Portion:
230 kcal
13 g E, 13 g F, 13 g K

2 große Fleischtomaten
2 Kugeln Mozzarella
(je ca. 150 g)
4 Scheiben Vollkorntoast
2 EL Knoblauchbutter
Salz
schwarzer Pfeffer
aus der Mühle
1 TL Oregano, getrocknet
½ Bund Basilikum
zum Garnieren

1. Tomaten waschen und ohne Stengelansatz quer in ½ cm dicke Scheiben schneiden.
2. Mozzarella in ebenso dicke Scheiben schneiden.
3. Das Toastbrot im Toaster rösten und mit der Butter bestreichen.
4. Den Backofen oder Grill auf 250° Grad vorheizen.

> **TIP** *Statt Mozzarella Salamischeiben nehmen, mit Emmentaler bestreuen und überbacken.*

5. Tomaten- und Mozzarellascheiben abwechselnd schuppenartig auf das Brot legen. Mit Salz, Pfeffer und Oregano würzen und 10 Minuten überbacken, bis der Käse anfängt zu schmelzen. Mit Basilikumblättchen garniert servieren.
Getränkeempfehlung: Prosecco oder Orvieto

CARPACCIO VON PARMASCHINKEN MIT CHAMPIGNONS

FÜR 4 PERSONEN ■
Zubereitungszeit:
15 Minuten
Pro Portion:
405 kcal
17 g E, 35 g F, 1 g K

300 g Parmaschinken
in dünnen Scheiben
150 g Champignons
Saft von ½ Zitrone
Salz
schwarzer Pfeffer
aus der Mühle
4 EL Olivenöl, extra vergine
2 Zweige Basilikum,
abgezupft
50 g Parmesan am Stück

1. Den Parmaschinken auf 4 Teller verteilen.
2. Die Champignons putzen, kurz abbrausen oder mit Küchenkrepp abreiben. In sehr feine Scheiben schneiden und mit dem Zitronensaft beträufeln, salzen und pfeffern.
3. Die Pilze auf dem Schinken verteilen und das Olivenöl über Pilze und Schinken träufeln.
4. Die Basilikumblättchen in feine Streifen schneiden und auf die Pilze streuen. Parmesankäse darüber reiben.
Beilage: weißes Landbrot
Getränkeempfehlung: leichter Weißwein

> **TIP** *Anstelle von Parmaschinken können Sie auch Rinderlende nehmen. Das Rinderfilet mindestens 30 Minuten gefrieren und dann mit einem scharfen Messer oder der Schneidemaschine in ganz dünne Scheiben schneiden.*

SPECKDATTELN
MIT SCHARFER SAUCE

SPECKDATTELN MIT SCHARFER SAUCE

FÜR 4 PERSONEN ■
Zubereitungszeit:
30 Minuten
Pro Portion:
565 kcal
2 g E, 35 g F, 56 g K

1 große rote Paprikaschote
3 EL Olivenöl
1 Zwiebel, fein gehackt
1 TL Paprika, edelsüß
1 Prise Cayennepfeffer
2 EL Tomatenmark
Salz
schwarzer Pfeffer aus der Mühle
15 Scheiben durchwachsener geräucherter Speck (ca. 150 g)
24 frische Datteln
24 Holzspießchen

1. Die Paprikaschote waschen, halbieren und vom Kernhaus befreien. Die Hälften nochmals längs teilen, dann quer in schmale Streifen schneiden.
2. Das Olivenöl in einem Topf erhitzen. Paprikastreifen und Zwiebelwürfel 5 Minuten dünsten. Paprika und Cayennepfeffer unterrühren und anschwitzen. Das Tomatenmark zufügen, salzen, pfeffern und mit ⅛ l Wasser aufgießen. Zugedeckt 15 Minuten köcheln lassen.

> **TIP** *Anstelle der Datteln kann man auch getrocknete Aprikosen oder Feigen nehmen. Wer es etwas schlanker haben möchte, nimmt statt des Specks mageren rohen Schinken. Die Bratzeit verkürzt sich dann.*

3. Inzwischen die Speckscheiben von der Schwarte befreien und einmal quer halbieren. Die Datteln

Die Datteln mit einem spitzen Messer aufschlitzen und entsteinen.

Eine halbe Speckscheibe um die Datteln wickeln und mit einem Holzspieß feststecken.

entsteinen und jede mit einer halben Speckscheibe umwickeln. Mit Holzspießchen feststecken. Eine beschichtete Pfanne erhitzen und die Speckdatteln bei mittlerer Hitze 8–10 Minuten knusprig braten, dabei wenden.
4. Die Paprikasauce nochmals abschmecken und so – oder im Mixer püriert – in eine kleine Schüssel füllen.
5. Die Speckdatteln auf einer Platte anrichten, eventuell auf Salatblättern, das sieht sehr frisch aus, und die Paprikasauce dazu reichen.
Beilage: Landbrot oder Baguette
Getränkeempfehlung: Bier oder Rotwein, z. B. Teroldego aus dem Trentino

GRATINIERTE KRÄUTERTOMATEN

Foto Seite 17

FÜR 4 PERSONEN ■
Zubereitungszeit:
30 Minuten
Pro Portion:
170 kcal
4 g E, 10 g F, 15 g K

4 große Fleischtomaten (ca. 750 g)
4 Knoblauchzehen
2 Bund Petersilie, fein gehackt
4 EL Semmelbrösel
1 Eigelb
3 EL Olivenöl, extra vergine
Salz
schwarzer Pfeffer aus der Mühle
je 1 TL Thymian und Oregano, frisch oder getrocknet

1. Die Tomaten waschen und in der Mitte quer durchschneiden.
2. Den Backofen auf 220 °C vorheizen.
3. Die geschälten Knoblauchzehen durch die Presse in eine Schüssel drücken. Die Petersilie und die Semmelbrösel zufügen. Das Eigelb und das Olivenöl unterrühren, so daß eine homogene Masse entsteht. Falls nötig, noch etwas mehr Öl zufügen. Mit Salz und Pfeffer, Thymian und Oregano kräftig abschmecken und gleichmäßig auf den Tomatenhälften verteilen.
4. Die Tomaten in eine Auflaufform setzen und im Backofen 15–20 Minuten gratinieren.
Beilage: Baguette
Getränkeempfehlung: leichter Rotwein, am besten Landwein aus Italien oder Frankreich

LAUWARMER SPARGEL MIT KERBELCREME

Foto Seite 104

FÜR 4 PERSONEN ■■
Zubereitungszeit:
30 Minuten
Pro Portion:
200 kcal
5 g E, 17 g F, 5 g K

750 g grüner Spargel
Salz
1 TL Butter
1 Prise Zucker
100 g Kerbel
5 EL Sojaöl
2 Eigelb
Saft von ½ Zitrone
weißer Pfeffer aus der Mühle
1 Msp. Cayennepfeffer
frischgeriebene Muskatnuß
8 Kirschtomaten

1. Das untere Drittel des Spargels schälen, dabei die Enden abschneiden. Reichlich Salzwasser mit Butter und Zucker aufkochen. Den Spargel einlegen und 15–20 Minuten darin mehr ziehen als kochen lassen, bis er knackig gar ist.
2. In der Zwischenzeit den Kerbel abbrausen und die Stiele abknipsen. Von dem Kerbel einige Blättchen beiseite legen, die restlichen zusammen mit dem Sojaöl, dem Eigelb und dem Zitronensaft in den Mixer geben und zu einer Sauce verarbeiten. Mit Salz, Pfeffer, Cayennepfeffer und Muskat dezent abschmecken.
3. Den Spargel aus dem Sud nehmen, abtropfen lassen und auf 4 Teller verteilen. Die Kerbelsauce als Band darübergießen. Das köstliche kleine Gericht mit den restlichen Kerbelblättchen und den Kirschtomaten garnieren.
Beilage: kleine, neue Kartöffelchen oder Toast
Getränkeempfehlung: leichter, trockener Weißwein, z. B. Orvieto oder Riesling aus Baden oder Franken

GERÄUCHERTE PUTENBRUST MIT MANGOSAUCE

FÜR 4 PERSONEN ■
Zubereitungszeit:
20 Minuten
Pro Portion:
150 kcal
16 g E, 1 g F, 6 g K

1 reife Mango
Saft von ½ Zitrone
1 Stück frische Ingwerwurzel (ca. 1 cm)
1 Msp. Zimt
Salz
weißer Pfeffer
aus der Mühle
frischgeriebene Muskatnuß
250 g geräucherte Putenbrust in dünnen Scheiben
½ Kopf Radicchio

1. Die Mango mit einem Messer schälen. Das Fruchtfleisch über einer Schüssel rund um den Kern abschneiden und mit Zitronensaft beträufeln. Im Mixer fein pürieren.
2. Den Ingwer schälen, auf der Gemüsereibe fein in das Püree raffeln, mit Salz, Pfeffer und Muskat kräftig abschmecken.
3. Die Putenbrustscheiben locker auf 4 Teller legen. Die Mangosauce als Klacks danebensetzen.
4. Den Radicchio kurz abbrausen und quer in ganz feine Streifen schneiden. Die Streifen dekorativ auf die Mangosauce streuen.
Beilage: Toast und Butter
Getränkeempfehlung: leichter, trockener Weißwein, z. B. Orvieto

TIP *Anstatt der Putenbrust kann gekochter Schinken verwendet werden. Die Sauce schmeckt auch zu Fleischfondue und Hühnerbrust.*

Die Mango mit einem scharfen Messer von der Schale befreien.

Das Fruchtfleisch in Streifen vom Kern abtrennen.

Die Ingwerwurzel schälen.

Auf einer Gemüsereibe den Ingwer fein raffeln.

GEMISCHTER VORSPEISEN-TELLER

FÜR 4 PERSONEN ■
Zubereitungszeit:
30 Minuten
Pro Portion:
370 kcal
5 g E, 34 g F, 5 g K

2 kleine Auberginen (je ca. 200 g)
6 EL Olivenöl
4 Knoblauchzehen
5 EL Tomatenmark
0,1 l Rotwein
Salz
schwarzer Pfeffer
aus der Mühle
1 Bund Petersilie, fein gehackt
80 g Salami in dünnen Scheiben
100 g schwarze Oliven

1. Die Auberginen waschen, vom Stengelansatz befreien und in Würfel von 1 cm Kantenlänge schneiden.
2. Das Olivenöl in einer breiten Pfanne erhitzen. Die Auberginenwürfel darin kräftig anbraten und immer wieder umrühren. Die geschälten Knoblauchzehen dazupressen und das Tomatenmark unterrühren. Den Rotwein zugießen, salzen und pfeffern und 10 Minuten bei geringer Hitze schmoren.
3. Zum Schluß die Petersilie unterheben. Das Gemüse in eine Schüssel füllen und 5 Minuten abkühlen lassen.
4. Die Salamischeiben und die Oliven auf 4 Teller verteilen. Die Auberginen danebensetzen.
Beilage: frisches, weißes Bauernbrot
Getränkeempfehlung: Rotwein, z. B. Chianti

HÜHNER-BRÜSTCHEN MIT SCHARFER BOHNENSAUCE

FÜR 4 PERSONEN ■
Zubereitungszeit:
30 Minuten
Pro Portion:
425 kcal
43 g E, 12 g F, 30 g K

3 EL Butterschmalz
4 Hühnerbrustfilets (je ca. 130 g)
Salz
weißer Pfeffer
aus der Mühle
frischgeriebene Muskatnuß

BOHNENSAUCE
1 Dose rote Bohnen (Kidney beans, Abtropfgewicht ca. 250 g)
2 Knoblauchzehen
1 TL Tabascosauce
1 EL Zitronensaft
1 TL abgeriebene Schale von 1 unbehandelten Zitrone
2 TL Crème fraîche
½ Bund glatte Petersilie, fein gehackt

1. Das Butterschmalz in einer breiten Pfanne erhitzen. Die Hühnerbrustfilets darin rundum kräftig anbraten. Dann bei milder Hitze zugedeckt 7 Minuten ziehen lassen. Die Hühnerbrustfilets rundum mit Salz, Pfeffer und Muskat würzen und beiseite stellen.
2. Die Bohnen in ein Sieb schütten, kurz abbrausen und abtropfen lassen. Bohnen mit den geschälten Knoblauchzehen im Mixer fein pürieren. Das Bohnenpüree mit Salz, Pfeffer, Tabascosauce, Zitronensaft und Zitronenschale würzen. Zum Schluß die Crème fraîche mit Petersilie unterrühren.
3. Zum Servieren die lauwarmen Hühnerbrustfilets quer zur Faser in Scheiben von ½ cm schneiden und fächerartig auf 4 Teller verteilen. Die Bohnensauce als Klacks danebensetzen.
Beilage: Weißbrot
Getränkeempfehlung: Bier oder Apfelwein

GEBRATENE AUSTERNPILZE MIT TOMATEN-VINAIGRETTE

FÜR 4 PERSONEN ■
Zubereitungszeit:
30 Minuten
Pro Portion:
220 kcal
5 g E, 20 g F, 3 g K

2 Fleischtomaten (ca. 250 g)
3 EL Rotweinessig
Salz
schwarzer Pfeffer
aus der Mühle
8 EL Olivenöl
1 Bund Basilikum, abgezupft
600 g Austernpilze
4–5 Knoblauchzehen

1. Die Fleischtomaten blanchieren, häuten, entkernen und in kleine Würfel schneiden.
2. Für die Vinaigrette den Rotweinessig so lange mit dem Salz verrühren, bis es sich aufgelöst hat. Pfeffer zufügen und die Hälfte des Olivenöls mit dem Schneebesen kräftig unterschlagen, bis die Marinade cremig ist. Die Tomatenwürfel unterheben. Das Basilikum in feine Streifen schneiden und einstreuen.
3. Die Austernpilze von den harten Stellen befreien, kurz abbrausen, trockentupfen und, falls nötig, zerteilen.
4. Das restliche Olivenöl in einer großen Pfanne erhitzen und die Austernpilze im ganzen darin beidseitig kräftig anbraten, dabei die Pilze mit einem Löffel flachdrücken. Die geschälten Knoblauchzehen durch die Presse auf die Austernpilze drücken, salzen und pfeffern.
5. Die Austernpilze mit je einem Klacks der Tomatenvinaigrette auf 4 Teller verteilen.
Beilage: Baguette
Getränkeempfehlung: leichter Rotwein, z. B. Beaujolais Village

Die Fleischtomaten nach dem Blanchieren mit einem scharfen Messer häuten.

Mit einem Löffel die Kerne aus den Tomaten entfernen. Die Zwischenwände der Tomaten können stehen bleiben.

Die Tomaten würfeln.

Die Austernpilze in einer Pfanne von beiden Seiten kräftig anbraten.

ROTE BOHNEN MIT SCHAFSKÄSE

FÜR 4 PERSONEN ■
Zubereitungszeit:
15 Minuten
Pro Portion:
615 kcal
37 g E, 22 g F, 70 g K

2 Dosen rote Bohnen
(Kidney beans,
Abtropfgewicht je ca. 250 g)

MARINADE
3 EL Aceto Balsamico
oder Rotweinessig
Salz
schwarzer Pfeffer
aus der Mühle
4 EL Olivenöl
3 Knoblauchzehen

AUSSERDEM
4 schöne, große Salatblätter
(Romana, Lollo Rosso
oder Kopfsalat)
250 g griechischer
Schafskäse (Feta)
2 TL frischer Oregano
oder 1 TL getrockneter

1. Die Bohnen aus den Dosen in ein Sieb schütten, kalt abbrausen und sehr gut abtropfen lassen.
2. Für die Marinade den Essig mit Salz, Pfeffer und Olivenöl mischen. Die geschälten Knoblauchzehen durch die Knoblauchpresse drücken. Mit den Bohnen gut vermischen.
3. Die Salatblätter waschen, trockentupfen und auf 4 Teller verteilen. Die Bohnen in die Blätter füllen.
4. Den Schafskäse vierteln und jeweils über den Bohnen zwischen den Fingern zerbröseln. Aus der Mühle pfeffern und mit dem Oregano bestreuen.
Beilage: frisches Landbrot
Getränkeempfehlung: kräftiger roter Landwein

KASSELER-MOUSSE MIT SPINATSALAT

FÜR 4 PERSONEN ■
Zubereitungszeit:
25 Minuten
Pro Portion:
305 kcal
15 g E, 24 g F, 1 g K

200 g Kasseleraufschnitt
2 EL Sahne
100 g Kräuterfrischkäse
Salz
weißer Pfeffer
aus der Mühle
frischgeriebene Muskatnuß
1 Msp. Paprika, scharf
2–3 EL trockener Sherry
(Fino)
2 Frühlingszwiebeln
80 g Blattspinat
2 EL Sherryessig
3 EL Öl

1. Das Kasseler grob zerschneiden und mit der Sahne im Mixer pürieren.
2. Den Frischkäse zum Püree geben, mit Salz, Pfeffer, Muskat und Paprika würzen und gut durchmischen. Dabei so viel Sherry zufügen, daß eine cremige Masse entsteht. Nochmals abschmecken, kaltstellen.
3. Die Frühlingszwiebeln putzen, waschen und das Grün in sehr feine Ringe schneiden. Die Zwiebelringe unter das Püree mischen und kaltstellen.
4. Blattspinat gründlich waschen, abtropfen lassen und Stiele abknipsen.
5. Aus Sherryessig, Salz, Pfeffer und Öl eine Marinade rühren. Den weißen Teil der Frühlingszwiebeln in ganz feine Ringe schneiden und mit dem Spinat mehrmals in der Marinade wenden.
6. Vom Mousse mit einem angefeuchteten Eßlöffel Nocken abstechen und auf 4 Teller setzen. Den Spinatsalat dekorativ danebenlegen.
Beilage: Roggenbrötchen
Getränkeempfehlung: frischer Weißwein, z. B. Grüner Veltliner

FRISÉESALAT MIT KNOBLAUCH-KRABBEN

FÜR 4 PERSONEN ■
Zubereitungszeit:
20 Minuten
Pro Portion:
195 kcal
5 g E, 18 g F, 3 g K

1 kleiner Friséesalat
2 Schalotten, fein gehackt

MARINADE
Saft von 1½ Zitronen
1 TL scharfer Senf
Salz
weißer Pfeffer
aus der Mühle
7 EL Sojaöl

AUSSERDEM
1 Bund Zitronenmelisse, abgezupft
4–5 Knoblauchzehen
200 Krabben (Tiefseegarnelen)

1. Den Friséesalat von den äußeren Blättern befreien, zerteilen und große Blätter zerzupfen. Den Salat waschen und in einer Salatschleuder trockenschleudern. Den Salat mit den Schalotten in eine Schüssel füllen.

TIP *Anstelle der Krabben kann man 250 g gekochten, kleingewürfelten Schinken verwenden.*

2. Für die Marinade den Zitronensaft mit dem Senf, Salz und Pfeffer, in einer Schüssel gut verrühren. Die Hälfte des Sojaöls in sehr feinem Strahl dazufließen lassen und ständig mit dem Schneebesen schlagen, bis eine cremige Sauce entstanden ist.
3. Die Marinade über den Salat gießen. Die Hälfte der Zitronenmelisse zufügen und alles mischen. Auf 4 Teller verteilen.
4. Das restliche Öl in einer Pfanne erhitzen. Die geschälten Knoblauchzehen durch die Presse dazudrücken und goldgelb braten. Die Krabben zufügen und bei mittlerer Hitze 6–7 Minuten braten.
5. Die restliche Zitronenmelisse fein hacken und unter die Krabben mischen. Die Krabben auf dem Friséesalat verteilen.
Beilage: getoastetes Graubrot mit Butter
Getränkeempfehlung: trockener Weißwein, z. B. Riesling aus Württemberg

Den Friséesalat zusammen mit den Schalotten in eine Schüssel füllen.

Das Sojaöl unter kräftigem Schlagen unter die Marinade rühren bis eine cremige Sauce entsteht.

Die gebratenen Krabben mit gehackter Zitronenmelisse bestreuen.

AVOCADOSALAT MIT EIERSAUCE

FÜR 4 PERSONEN ■
Zubereitungszeit:
25 Minuten
Pro Portion:
400 kcal
5 g E, 39 g F, 3 g K

2 Eier
2 reife Avocados
Saft von 1 Zitrone
1 TL scharfer Senf
2 EL Weißweinessig
Salz
weißer Pfeffer
aus der Mühle
1 Msp. Cayennepfeffer
4 EL Distelöl
1 Kästchen Kresse

1. Die Eier in 10 Minuten hart kochen, kalt abschrecken, pellen und abkühlen lassen.
2. Inzwischen die Avocados vorsichtig schälen, dann längs halbieren und den Stein vorsichtig mit einer Messerspitze herauslösen. Die Avocadohälften sofort mit Zitronensaft beträufeln, damit sie ihre Farbe behalten.
3. Die Eier längs halbieren und die Dotter vorsichtig herauslösen. In einer Schüssel mit einer Gabel zerdrücken, den Senf untermischen. Weißweinessig, Salz, Pfeffer, Cayennepfeffer und Distelöl zufügen und gut verrühren.
4. Das Eiweiß sehr fein hacken und zufügen.
5. Die Kresse unter fließendem Wasser abbrausen und die Blättchen über der Schüssel mit einer Küchenschere abschneiden und untermischen.
6. Die Avocadohälften quer in schmale Scheiben schneiden und auf 4 Teller verteilen. Jeweils einen Klacks der Eiersauce davorsetzen.
Beilage: Toast und Butter
Getränkeempfehlung: Sekt oder Champagner

HACK-MANDEL-BÄLLCHEN MIT ZWEI SAUCEN

FÜR 4 PERSONEN ■■
Zubereitungszeit:
30 Minuten
Pro Portion:
655 kcal
30 g E, 52 g F, 7 g K

½ Brötchen vom Vortag
300 g Hackfleisch, gemischt
2 EL Mandeln, gemahlen
1 Ei
1 Eigelb
1 Bund Petersilie, gehackt
Salz
schwarzer Pfeffer
aus der Mühle
1 TL frische Oreganoblättchen
1 Prise Kreuzkümmel
3 EL Olivenöl
150 g Sahnegorgonzola
2 EL Madeira
150 g schwarze Oliven, entsteint
1 Knoblauchzehe
Saft von ½ Zitrone

1. Das Brötchen in kaltem Wasser einweichen.
2. Das Hackfleisch mit Mandeln, Ei, Eigelb, dem gut ausgedrückten Brötchen und der Hälfte der Petersilie mischen.
3. Das Ganze mit Salz, Pfeffer, Oregano und Kreuzkümmel würzen.
4. Das Öl in einer Pfanne erhitzen. Aus dem Hackfleisch mit angefeuchteten Händen walnußgroße Bällchen formen und 6–8 Minuten lang rundum braten. Öfter an der Pfanne rütteln, damit die Bällchen gleichmäßig bräunen.
5. Den Sahnegorgonzola mit einer Gabel gut zerdrücken, Madeira untermischen und pfeffern.
6. Oliven, Knoblauch und Zitronensaft im Mixer pürieren, salzen, pfeffern und die restliche Petersilie untermischen.
7. Die Bällchen auf 4 Teller verteilen und die Saucen danebensetzen.
Beilage: Baguette
Getränkeempfehlung: trockener Sherry (Fino)

FELDSALAT MIT BÜNDNERFLEISCH UND PARMESANSPÄNEN

FELDSALAT MIT BÜNDNERFLEISCH UND PARMESAN-SPÄNEN

FÜR 4 PERSONEN ■
Zubereitungszeit:
20 Minuten
Pro Portion:
265 kcal
16 g E, 21 g F, 1 g K

150 g Feldsalat
100 g Bündnerfleisch

MARINADE
3 EL Weißweinessig
Salz
schwarzer Pfeffer
aus der Mühle
5 EL Walnußöl
2 Schalotten, fein gehackt

AUSSERDEM
1 EL Sesam
50 g Parmesan am Stück

1. Den Feldsalat putzen, mehrmals waschen, da sich oft Sand zwischen den Blättern versteckt, und in einer Salatschleuder trokkenschleudern.
2. Das Bündnerfleisch in schmale Streifen schneiden.
3. Den Weißweinessig mit Salz und Pfeffer verrühren, bis sich das Salz aufgelöst hat. Dann erst das Walnußöl in feinem Strahl dazufließen lassen und dabei ständig mit dem Schneebesen schlagen, bis die Sauce cremig geworden ist. Die Schalottenwürfel einstreuen.
4. Den Sesam in einer trockenen, beschichteten Pfanne goldgelb rösten, in die Salatsauce streuen. Den Feldsalat gründlich in der Sauce wenden. Das Bündnerfleisch untermischen.
5. Den Salat auf 4 Teller verteilen und den Parmesan mit dem Gurkenhobel (oder Trüffelhobel) über dem Salat in Spänen abhobeln.
Beilage: getoastetes Bauernbrot und Butter
Getränkeempfehlung: Apfelcidre, herb

Frisch gewaschener, knackiger Feldsalat.

DREIERLEI ROHKOST MIT CURRYSAUCE

FÜR 4 PERSONEN ■
Zubereitungszeit:
30 Minuten
Pro Portion:
190 kcal
9 g E, 12 g F, 10 g K

1 Kohlrabi (ca. 220 g)
1 Rote Bete (ca. 220 g)
1 Bund Radieschen

CURRYSAUCE
1 Schalotte, fein gehackt
250 g Sahnequark
Saft von ½ Zitrone
2 EL Distelöl
2 EL Curry
1 TL Honig
Salz
weißer Pfeffer
aus der Mühle
50 g Alfalfasprossen
(aus dem Reformhaus)

1. Kohlrabi und die Rote Bete schälen und mit der Gemüsereibe mittelfein raspeln.
2. Die Radieschen samt Blättern gründlich waschen. Einige schöne Blätter aussuchen und in schmale Streifen schneiden. Die Radieschen in dünne Scheiben hobeln oder schneiden und mit den Blattstreifen mischen.
3. Für die Currysauce die Schalottenwürfel und den Sahnequark mit dem Zitronensaft und dem Distelöl gründlich verrühren. Curry und Honig untermischen und mit Salz und Pfeffer

Die Blätter der Radieschen werden geschnitten und mitverarbeitet.

abschmecken. Falls die Sauce zu dickflüssig ist, noch etwas Zitronensaft unterrühren. Die Hälfte der Alfalfasprossen unter die Currysauce rühren.
4. Kohlrabi, Rote Bete und Radieschen als Häufchen auf 4 Teller setzen. In die Mitte als Klacks die Currysauce geben und mit den übrigen Alfalfasprossen bestreuen.
Beilage: Vollkornbrot und Butter oder kleine, frische Pellkartöffelchen
Getränkeempfehlung: Apfelsaftschorle oder trockener Cidre

TIP *Die Gemüsesorten können je nach Saison variiert werden. So schmekken Zucchini, Möhren, roher Spargel, Staudensellerie, Zukkerschoten oder andere Gemüsesorten. Immer daran denken, daß auch das Auge mitißt, deshalb ist es gut, wenn man verschiedenfarbige Gemüsesorten auswählt. Die Sauce läßt sich auch beliebig ändern, beispielsweise mit Kräutern, Roquefort oder anderem Käse, sowie Nüssen, Mandeln und Sonnenblumenkernen.*

EGERLINGSALAT MIT KRÄUTERN

FÜR 4 PERSONEN ■
Zubereitungszeit:
25 Minuten
Pro Portion:
145 kcal
3 g E, 13 g F, 4 g K

1 mittelgroße Möhre
Saft von 2 Zitronen
300 g Egerlinge
1 TL Meerrettich
(aus dem Glas)
Salz
weißer Pfeffer
aus der Mühle
1 Msp. Cayennepfeffer
5 EL Walnußöl
je 1 Bund Petersilie, Dill und Schnittlauch, fein gehackt

1. Die Möhre schälen und auf der Gemüsereibe grob raspeln. Mit etwas Zitronensaft beträufeln, damit die leuchtende Farbe erhalten bleibt.
2. Die Egerlinge kurz abbrausen oder nur mit Küchenkrepp abreiben. Die Enden abschneiden. Pilze feinblättrig schneiden. Das geht ganz schnell und gleichmäßig mit dem Eierschneider. Die Pilzscheiben ebenfalls mit Zitronensaft beträufeln.
3. Den restlichen Zitronensaft mit dem Meerrettich mischen, salzen, pfeffern, mit Cayennepfeffer abschmecken und das Walnußöl unterrühren. Die feingehackten Kräuter zufügen.
4. Die Egerlinge und die Möhrenraspeln vorsichtig in der Sauce wenden. Auf 4 Tellern anrichten.
Beilage: Roggenbaguette und Frischkäse
Getränkeempfehlung: leichter, trockener Weißwein

REZEPTE FÜR DIE MIKROWELLE

Wer seine Mikrowelle richtig zu nutzen weiß, der wird sie auch für die Zubereitung kleiner Vorspeisen, ja sogar diverser Salate heranziehen. Denn in Minutenschnelle sind so manche Zutaten gegart, die einem würzigen Snack erst die Krone aufsetzen: dem gedünsteten Kalbsbries, das den gemischten Blattsalat zieren soll, dem Kaninchenfilet für den Pilzsalat oder den Fischstückchen, die den Keniabohnensalat mit Grapefruitsauce abrunden. Gerade so zarte Appetitanreger wie Blumenkohlterrine mit Krabben oder Teigtäschchen mit exotischer Gemüsefüllung entfalten in kürzester Garzeit ihren Wohlgeschmack mit Hilfe der Mikrowelle.
Ein paar Handgriffe sind Besitzern und Benutzern eines Mikrowellengerätes ja längst vertraut: Mehrere kleine, runde, möglichst gleichgroße Formen sollten kreisförmig um die Mitte arrangiert werden; schließlich fördert die Nachgarzeit von 2–3 Minuten im abgeschalteten Gerät die Wärmeverteilung.

Rote-Bete-Salat mit Kräuter-Vinaigrette (Rezept Seite 126)

PILZSALAT
MIT KANINCHENFILET

PILZSALAT MIT KANINCHENFILET

FÜR 4 PERSONEN ■
MW-Solo
Zubereitungszeit:
35 Minuten
Pro Portion:
265 kcal
15 g E, 20 g F, 2 g K

200 g Pfifferlinge
100 g Steinpilze
200 g Egerlinge
2 EL gehackte Schalotten
1 gehackte Knoblauchzehe
6 EL Öl
Salz
schwarzer Pfeffer aus der Mühle
1 TL abgezupfte Thymianblättchen
1 EL Weißweinessig
1 TL Aceto Balsamico
2 ausgelöste Kaninchenrückenfilets (insg. ca. 250 g)
1 EL gehackte Petersilie

1. Die Pilze putzen, nur falls nötig, kurz waschen und in dünne Scheiben schneiden. Zusammen mit den Schalottenwürfeln und der gehackten Knoblauchzehe in eine ausreichend große Mikrowellenform geben. Mit 4 Eßlöffeln Öl begießen und mit Salz, Pfeffer und Thymian würzen. Zugedeckt 6–8 Minuten bei 600 Watt garen lassen, dabei zwischendurch einmal umrühren.

> **TIP** *Je nach Angebot kann man auch nur Pfifferlinge, Egerlinge oder auch andere Pilze verwenden.*

2. Die Pilze aus dem Gerät nehmen, mit den Essigsorten und falls nötig mit Salz und Pfeffer abschmecken und etwas abkühlen lassen.
3. Während dessen das Kaninchenrückenfilet mit Salz und Pfeffer einreiben, auf eine mikrowellengeeignete Platte legen und

Die Pilze nach dem Garen mit den verschiedenen Essigsorten abschmecken.

Die ausgelösten Kaninchenrükkenfilets mit Salz und Pfeffer würzen, in eine mikrowellengeeignete Platte legen und mit Öl bepinseln.

mit Öl bepinseln. In der Mikrowelle offen in 2–3 Minuten bei 600 Watt garen, dabei nach der halben Garzeit einmal wenden. Mit Alufolie bedeckt noch einige Minuten ruhen lassen.
4. Den Pilzsalat auf 4 Teller verteilen und mit dem in dünne Scheibchen geschnittenen Fleisch belegen. Mit Petersilie bestreut servieren.
Beilage: Vollkornbrötchen
Getränkeempfehlung: kühles Pils oder Cidre

GEDÜNSTETES KALBSBRIES AUF GEMISCHTEM BLATTSALAT

FÜR 4 PERSONEN ■■
MW-Solo
Zubereitungszeit:
30 Minuten
Zeit zum Wässern:
2 Stunden
Pro Portion:
155 kcal
10 g E, 12 g F, 1 g K

200 g Kalbsbries
¼ l Kalbsfond (aus dem Glas)
1 EL Weißweinessig
½ Lorbeerblatt
5 Pfefferkörner

SALAT
250 g gemischte Salatblätter (z. B. Lollo Rosso, Eichblatt-, Kopfsalat, Radicchio)

VINAIGRETTE
Salz
1 TL scharfer Senf
1 TL Himbeeressig
1 TL guter Weinessig
schwarzer Pfeffer aus der Mühle
3 EL neutrales Öl
1 EL Nußöl

AUSSERDEM
4 Kerbelzweige
4 Kirschtomaten

1. Das Kalbsbries etwa 2 Stunden in kaltem Wasser wässern, dabei das Wasser zwischendurch erneuern. Dann von anhaftender Haut und Fett befreien.
2. Kalbsfond, Essig, Lorbeerblatt und Pfefferkörner in eine Mikrowellenform geben, 4–5 Minuten bei 600 Watt kochen lassen. Das Bries hineingeben und 2–4 Minuten bei 600 Watt, je nach Dicke des Brieses, zugedeckt garen, dabei einmal wenden. Das Bries in der Brühe noch einige Minuten ruhen lassen.
3. Die Salatblätter putzen, gründlich waschen und in einem Salatsieb trockenschleudern.
4. Für die Vinaigrette

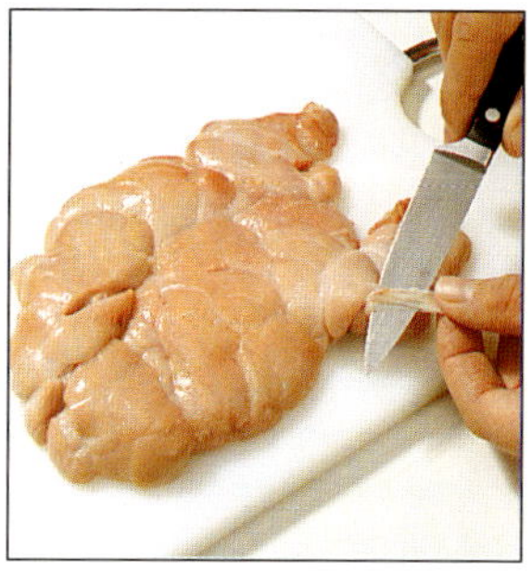

Nach dem Wässern Haut und Fett vom Kalbsbries ablösen.

Salz mit Senf, den beiden Essigsorten und dem Pfeffer mit einem kleinen Schneebesen so lange rühren, bis sich das Salz gelöst hat. Dann unter Rühren das Öl hinzugießen, bis eine cremige Sauce entstanden ist.
5. Die Salatblätter mit der Vinaigrette gründlich vermischen und auf 4 große Teller verteilen. Das Bries in Scheiben schneiden und auf den Salatblättern anrichten. Mit gezupften Kerbelblättchen und den geviertelten Kirschtomaten bestreuen.
Getränkeempfehlung: Weißwein, z. B. Riesling von der Mosel

> **TIP** *Bries, auch unter dem Namen Kalbsmilch oder Schweser bekannt, ist die Wachstumsdrüse der Tiere, die sich mit zunehmendem Alter wieder zurückbildet. Es gibt rundes Bries aus der Herzgegend und längliches aus dem Halsbereich.*

ROTE-BETE-SALAT MIT KRÄUTER-VINAIGRETTE

Foto Seite 122

FÜR 4 PERSONEN ■
MW-Solo
Zubereitungszeit:
30 Minuten
Ruhezeit: 2 Stunden
Pro Portion:
145 kcal
2 g E, 10 g F, 9 g K

500 g Rote Bete
⅛ l Kalbsfond
(aus dem Glas)
Salz

VINAIGRETTE
1 EL Rotweinessig
3 EL Rotwein
Salz
½ TL Dijonsenf
4 EL Olivenöl
1 EL gehackte Schalotten
1 EL gehackte Kräuter
(Petersilie, Kerbel, Schnittlauch, Basilikum)

AUSSERDEM
einige gewaschene
Salatblätter, z. B. Feldsalat

1. Die Roten Bete gründlich waschen, dünn schälen und in 1 cm große Würfel schneiden. Mit dem Kalbsfond in eine Mikrowellenschüssel geben, salzen und zugedeckt in 13–15 Minuten bei 600 Watt al dente kochen. Das Gemüse etwas abkühlen lassen.
2. Essig, Rotwein, Salz und Senf so lange rühren, bis sich das Salz gelöst hat, dann unter weiterem Rühren mit einem kleinen Schneebesen das Öl dazugießen. Schalotten und Kräuter zur Vinaigrette geben und mit dem gegarten Gemüse vermischen.
3. Den Rote-Bete-Salat mindestens 2 Stunden durchziehen lassen, dann mit den Salatblättern anrichten.

KARTOFFELSALAT AUF ITALIENISCH

FÜR 4–6 PERSONEN ■ ■
MW-Solo
Zubereitungszeit:
45 Minuten
Pro Portion bei 4 Personen:
280 kcal
5 g E, 16 g F, 28 g K

500 g festkochende Kartoffeln
je 1 gelbe und rote Paprikaschote
4 kleine Zwiebeln
1 kleine Zucchini
2 vollreife Fleischtomaten
1–2 Knoblauchzehen, gehackt
1 Zweig Thymian
1 Zweig Rosmarin
Salz
schwarzer Pfeffer aus der Mühle
6 EL trockener Weißwein
6 EL Olivenöl
Saft von 1 Zitrone
½ Bund Petersilie

1. Kartoffeln schälen, waschen und in etwa 3 cm große Würfel schneiden. Die Paprikaschoten halbieren, Stengelansätze und Samenkerne entfernen, waschen und ebenfalls in 3 cm große Würfel schneiden. Die geschälten Zwiebeln vierteln, die gewaschene Zucchini ohne Stengel- und Blütenansatz in ½ cm dicke Scheiben schneiden.

> TIP *Lauwarm schmeckt der Salat am besten. Im Sommer ist er ideal zu Gegrilltem, da er sich gut vorbereiten läßt. Evtl. nochmals kurz in der Mikrowelle anwärmen.*

2. Die Tomaten kreuzförmig einschneiden und für 2–4 Minuten bei 600 Watt in die Mikrowelle geben.
3. Kartoffeln, Paprika und Zucchini in eine mikrowellengeeignete große, flache Schüssel geben, Knoblauch und Kräuter daruntermischen und mit Salz und Pfeffer würzen. Mit Wein und Olivenöl begießen und zugedeckt 25–30 Minuten bei 600 Watt garen, dabei gelegentlich umrühren.
4. Die Fleischtomaten häuten, halbieren und ohne Stengelansätze und Kerne in etwa 2 cm große Würfel teilen. Nach 20 Minuten zusammen mit den Zucchinischeiben unter das Gemüse mischen.
5. Das gekochte Gemüse mit Zitronensaft und bei Bedarf mit Salz und Pfeffer abschmecken. Die gehackte Petersilie untermischen. Den Salat etwas abkühlen lassen.
Getränkeempfehlung: leichter italienischer Rotwein, z. B. Bardolino

Kartoffeln, Paprika, Knoblauch, Kräuter nach dem Würzen mit Wein und Olivenöl begießen.

Tomaten und Zucchini 10 Minuten vor dem Ende der Garzeit untermischen.

TÜRKISCHE AUBERGINEN-PASTE

FÜR 4 PERSONEN ■
MW-Solo
Zubereitungszeit:
30 Minuten
Pro Portion:
150 kcal
2 g E, 13 g F, 5 g K

1 mittelgroße Aubergine (ca. 400 g)
1–2 Knoblauchzehen
1 kleine Zwiebel
3–4 EL Olivenöl
Salz
schwarzer Pfeffer aus der Mühle
1 Prise Zucker
2 EL Zitronensaft
1 EL Joghurt
einige schwarze Oliven
1 EL gehackte Petersilie

1. Die Aubergine waschen, trockentupfen und das Stielende entfernen. Das Gemüse mit einer Gabel mehrmals einstechen und auf einen Teller legen. 8–10 Minuten bei 600 Watt in die Mikrowelle geben, dabei nach der halben Garzeit einmal wenden.
2. Die Aubergine halbieren, Fruchtfleisch herausschaben. Knoblauch und Zwiebel schälen und alles in einem Mixer fein pürieren. Dabei nach und nach das Öl hinzugießen. Die Creme mit Salz, Pfeffer, Zucker und Zitronensaft abschmecken und den Joghurt unterziehen.
3. Die Auberginenpaste in eine flache Schale geben, die Oberfläche glattstreichen und mit halbierten Oliven und der Petersilie garnieren.
Beilage: frisches Weißbrot
Getränkeempfehlung: Raki oder Ouzo mit Wasser

TÜRKISCHE
AUBERGINENPASTE

LAUWARMER FISCHSALAT MIT KENIABOHNEN UND GRAPEFRUIT-SAUCE

FÜR 4 PERSONEN ■■
MW-Solo
Zubereitungszeit:
30 Minuten
Pro Portion:
490 kcal
35 g E, 23 g F, 30 g K

200 g Keniabohnen
6 EL Wasser
Salz
200 g Lachsfilet
200 g Zanderfilet
8 kleine Garnelen
Saft von ½ Zitrone
2 EL Öl
1 rosa Grapefruit

VINAIGRETTE
Salz
aufgefangener Saft der Grapefruit
schwarzer Pfeffer aus der Mühle
½ TL Dijonsenf
4 EL Olivenöl
1 EL gehackte Petersilie

1. Die Keniabohnen an den Enden abknipsen, waschen und in eine Mikrowellenform geben. Mit Wasser begießen, salzen und 4–5 Minuten bei 600 Watt garen. Herausnehmen und abkühlen lassen.
2. Lachs- und Zanderfilet waschen, trockentupfen und jeweils in 4 gleich große Portionen teilen. Die Garnelen schälen, den Schwanz daranlassen. Alles auf eine mikrowellengeeignete Platte legen und mit Zitronensaft und Öl beträufeln.
3. Die Grapefruit so dick schälen, daß die weiße Haut völlig entfernt ist. Die Fruchtspalten aus den Zwischenhäuten lösen, dabei den austretenden Saft auffangen.
4. Für die Vinaigrette das Salz mit Grapefruitsaft, Pfeffer und Senf verrühren, bis sich das Salz gelöst hat, dann unter weiterem Rühren das Öl hinzugießen. Die Petersilie untermischen.
5. Bohnen und Grapefruitfilets auf 4 Teller verteilen und mit zwei Dritteln der Vinaigrette beträufeln.
6. Die Fischstücke 2 Minuten bei 600 Watt offen in der Mikrowelle garen. Herausnehmen, mit Salz und Pfeffer würzen und auf dem Bohnensalat anrichten. Mit der restlichen Vinaigrette beträufeln.
Beilage: Baguette
Getränkeempfehlung: Weißwein

Beim Schälen der Garnelen den Schwanz nicht entfernen.

Garnelen, Lachs- und Zanderfilets mit Zitronensaft und Öl beträufeln.

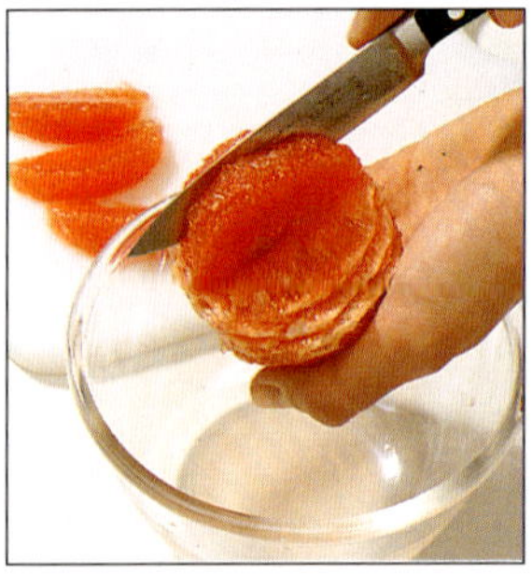

Die Fruchtspalten vorsichtig von den Zwischenhäuten lösen. Gleichzeitig den austretenden Saft in einer Schüssel auffangen.

LINSENSALAT MIT RÄUCHERFISCH

FÜR 4 PERSONEN ■■
MW-Solo
Zubereitungszeit:
30 Minuten
Einweich- und Ruhezeit:
einige Stunden
Pro Portion:
275 kcal
14 g E, 17 g F, 13 g K

100 g Linsen
½ l Wasser
1 Zweig Thymian
1 Zweig Majoran
¼ Lorbeerblatt
2 kleine Zwiebeln
je 1 kleine rote und gelbe Paprikaschote

MARINADE
1 TL scharfer Senf
Salz
1–2 EL Weißweinessig
schwarzer Pfeffer aus der Mühle
3 EL Öl

AUSSERDEM
150 g Schillerlocken
1 EL gehackte Petersilie

1. Die Linsen mit dem Wasser in eine Mikrowellenform geben. Die Kräuter und die in Ringe geschnittenen Zwiebeln dazugeben und einige Stunden einweichen lassen.
2. Dann in der Mikrowelle in etwa 10–12 Minuten bei 600 Watt zugedeckt al dente kochen. Nach der Garzeit offen etwas abkühlen und nachgaren lassen.
3. Für die Marinade Senf, Salz, Essig und Pfeffer miteinander verrühren, Öl hinzufügen und alles über die noch lauwarmen Linsen gießen. Paprikaschoten waschen, in sehr kleine Würfel schneiden und zu den Linsen geben. Zum Schluß die in Stücke geschnittenen Schillerlocken und die Petersilie untermischen und den Salat noch etwa 1 Stunde durchziehen lassen.
Beilage: Vollkornbrötchen
Getränkeempfehlung: Pils und/oder Aquavit

UNGARISCHER REISSALAT

FÜR 4 PERSONEN ■■
MW-Solo
Zubereitungszeit:
1 Stunde
Ruhezeit: 2 Stunden
Pro Portion:
270 kcal
6 g E, 16 g F, 23 g K

je 1 kleine rote, grüne und gelbe Paprikaschote
1 kleine Zwiebel
1 Knoblauchzehe
4 EL Öl
100 g Langkornreis
Salz
1 TL Paprikapulver, edelsüß
schwarzer Pfeffer aus der Mühle
1 Prise Cayennepfeffer
¼ l Fleischbrühe
1–2 EL Essig
50 g ungarische Salami in Scheiben
1 EL Schnittlauchröllchen

1. Die Paprika waschen, halbieren, Stengelansätze und Samenkerne entfernen. Die Schoten in ½ cm große Würfel schneiden. Zwiebel und Knoblauchzehe schälen, fein hacken.
2. Das Gemüse in eine Mikrowellenform geben, es darf höchstens 2 cm hoch übereinanderliegen. Mit Öl begießen, den Reis untermischen und mit Salz, Paprika, Pfeffer und Cayennepfeffer würzen. Für 5 Minuten bei 600 Watt in das Mikrowellengerät stellen.
3. Mit der Fleischbrühe aufgießen und zugedeckt 20–25 Minuten bei 360 Watt garen. Aus dem Gerät nehmen und zugedeckt noch einige Minuten nachquellen lassen.
4. Die Reis-Gemüse-Mischung mit Essig und, falls nötig, mit Salz und Pfeffer würzen. Die Salami in kleine Würfel schneiden, unter den Salat mischen und mindestens noch 2 Stunden durchziehen lassen. Mit Schnittlauch bestreut servieren.
Getränkeempfehlung: Pils

BLUMENKOHL-TERRINE MIT KRABBEN

FÜR 4–6 PERSONEN ■■
MW-Solo
Zubereitungszeit:
30 Minuten
Pro Portion bei 4 Personen:
210 kcal
13 g E, 12 g F, 11 g K

1 kleiner Blumenkohl
(ca. 500 g)
30 g Butter oder Margarine
30 g Mehl
¼ l Milch
Salz
weißer Pfeffer
aus der Mühle
frischgeriebene Muskatnuß
2 Eigelb
2 Eiweiß
100 g tiefgekühlte Krabben
Fett für die Form

1. Den Blumenkohl putzen, in Röschen zerteilen und waschen. Eine Hälfte des Gemüses im Mixer pürieren, die andere in sehr kleine Röschen teilen.
2. Das Fett in eine Mikrowellenform geben und in 1 Minute bei 600 Watt schmelzen lassen. Das Mehl dazugeben, verrühren und in 1 Minute bei 600 Watt aufschäumen lassen. Die Milch unter Rühren mit einem Schneebesen dazugießen und 4–5 Minuten bei 600 Watt durchkochen lassen, dabei einmal mit dem Schneebesen durchrühren.
3. Die fertige Bechamelsauce mit Salz, Pfeffer und Muskat würzen und etwas abkühlen lassen.
4. Den pürierten Blumenkohl, die Röschen und die Eigelbe untermischen. Eiweiß steif schlagen und mit den Krabben unterheben. Die Masse in eine gefettete, mikrowellengeeignete Kastenform (Länge ca. 24 cm) füllen und 5 Minuten bei 600 Watt und 12–15 Minuten bei 360 Watt garen lassen. Lauwarm in Scheiben geschnitten mit einem kleinen Salat reichen.

ZUCCHINIRING MIT TOMATENWÜRFELN GEFÜLLT

FÜR 4 PERSONEN ■
MW-Solo
Zubereitungszeit:
30 Minuten
Ruhezeit: 30 Minuten
Pro Portion:
165 kcal
6 g E, 11 g F, 10 g K

400 g kleine Zucchini
1 Knoblauchzehe
1 Schalotte
2 Eier
2 EL Crème fraîche
Salz
weißer Pfeffer
aus der Mühle
½ TL Schalottensenf
Fett für die Form
2 Fleischtomaten
1 EL gehackte Schalotten
1 TL Aceto Balsamico
2 EL Olivenöl, extra vergine

1. Die Zucchini waschen und Blüten- und Stielansätze entfernen, in Stücke schneiden. Knoblauchzehe und Schalotte schälen und gemeinsam mit den Zucchini im Mixer fein pürieren. Die Eier und die Crème fraîche hinzufügen und mit Salz, Pfeffer und Senf würzen.

> **TIP** *Wenn Sie keine Ringform zur Hand haben, können Sie sich mit einer mikrowellengeeigneten Schüssel helfen, in deren Mitte Sie ein kleines Förmchen stellen.*

2. Eine mikrowellengeeignete Ringform (Durchmesser ca. 18 cm) einfetten und die Masse einfüllen. Mit Mikrowellenfolie bedeckt 5 Minuten bei 600 Watt und 8–10 Minuten bei 360 Watt garen.
3. Währenddessen die Tomaten waschen, halbieren und die Stengelansätze sowie die Kerne entfernen. Das Fruchtfleisch mit der Schale in kleine Würfel schneiden und mit den Schalottenwürfeln vermischen.
4. Salz und Essig verrühren, das Öl hinzufügen und die Marinade über die Tomaten gießen.
5. Den Zucchiniring in der Form erkalten lassen, dann stürzen und die marinierten Tomatenstücke in die Mitte geben.
Beilage: Vollkornbrot
Getränkeempfehlung: trockener Sherry (Fino)

Die Eier unter die bereits pürierte Zucchinimasse mischen.

Die gefüllte Ringform mit Mikrowellenfolie abdecken.

Die gehackten Schalotten und die gewürfelten Tomaten mit einer Essig-Öl-Marinade begießen.

BAUERNTERRINE

FÜR 8–10 PERSONEN ■■
MW-Solo
Zubereitungszeit:
45 Minuten
Ruhezeit: einige Stunden
Pro Portion bei 8 Personen:
435 kcal
15 g E, 37 g F, 1 g K

1 Zwiebel
50 g geräucherter
durchwachsener Speck
30 g Butter
250 g Geflügelleber
250 g Schweineleber
250 g fetter Schweinebauch
2 Eier
4 cl Obstschnaps
1 EL abgezupfte
Majoranblätter
2 EL gehackte Petersilie
Salz
schwarzer Pfeffer
aus der Mühle
Fett für die Form

1. Zwiebel und Räucherspeck in kleine Würfel schneiden. Mit der Butter in eine Mikrowellenform geben und in 3–4 Minuten bei 600 Watt glasig braten.
2. Geflügelleber von anhaftenden Fett- und Hautteilen befreien, zu den Zwiebeln geben und in 2 Minuten bei 600 Watt anbraten, einmal umrühren.
3. Schweineleber und -bauch in kleine Stücke schneiden, mit der Geflügelleber und den Eiern im Cutter zu einer Farce pürieren. Mit den anderen Zutaten abschmecken.
4. Die Masse in eine mikrowellengeeignete Terrinenform (ca. 20 cm Länge) füllen, ein paarmal vorsichtig auf die Arbeitsplatte stoßen, damit alle Luft entweichen kann. Dann zugedeckt 10 Minuten bei 600 Watt garen lassen.
5. Die Terrine mit einem 1 kg schweren Gewicht beschweren und am besten über Nacht abkühlen lassen. In Scheiben geschnitten servieren.
Beilage: Kressesalat
Getränkeempfehlung: Weißbier oder/und Obstler

GEFLÜGELTERRINE MIT BROCCOLI-STREIFEN

FÜR 6–8 PERSONEN ■ ■
MW-Solo
Zubereitungszeit:
30 Minuten
Ruhezeit: einige Stunden
Pro Portion bei 6 Personen:
295 kcal
19 g E, 21 g F, 5 g K

2 Scheiben Toastbrot
4 EL Sahne
300 g Hähnchenbrustfleisch
150 g Kalbsbrät
200 g eiskalte Sahne
1 eiskaltes Eiweiß
Salz
weißer Pfeffer
aus der Mühle
etwas gemahlener Ingwer

FÜLLUNG
100 g geputzte
Broccoliröschen
1 Eiweiß
Salz

AUSSERDEM
Fett für die Form
8 Blatt Gelatine
½ l Hühnerfond
(aus dem Glas)
1 Broccoliröschen
einige Stengel Schnittlauch
1 kleine rote Paprikaschote

1. Das Weißbrot entrinden, in Stücke schneiden, mit der Sahne begießen und kurz darin einweichen.
2. Das kalte Fleisch in Stücke schneiden und mit dem eingeweichten Brot im Cutter pürieren. Das Kalbsbrät, Sahne und Eiweiß dazugeben, mit Salz, Pfeffer und Ingwer würzen und zu einer glatten Farce verarbeiten. Die Masse in eine Schüssel geben und zugedeckt kühlstellen.
3. Für die Füllung den Broccoli mit dem Eiweiß im Cutter fein pürieren und mit Salz würzen.
4. Eine rechteckige Terrinenform (24 mal 16 cm) einfetten und die Hälfte der Farce einfüllen. Darauf gleichmäßig die Broccolischicht verteilen und mit der restlichen Farce bedecken. Die Oberfläche glattstreichen und zugedeckt 8–10 Minuten bei 360 Watt garen. Die Gelatine in kaltem Wasser einweichen.
5. Den Hühnerfond in 1–2 Minuten bei 600 Watt erhitzen und die gut ausgedrückte Gelatine darin auflösen. Die etwas abgekühlte Terrine mit der Hälfte des Fonds begießen und im Kühlschrank erstarren lassen.
6. Das Broccoliröschen in ½ cm dicke Scheiben schneiden, auf einen Teller legen und abgedeckt 1 Minute bei 600 Watt in die Mikrowelle stellen.
7. Auf den festen Geleespiegel die Schnittlauchstengel legen und die abgekühlten Broccolischeiben wie Blüten, Paprikastückchen wie Blätter dazu arrangieren. Das restliche Gelee darübergießen und fest werden lassen.
Beilage: Weißbrot
Getränkeempfehlung: spritziger Prosecco

Broccolifüllung und Geflügelfarce abwechselnd in eine Terrinenform schichten.

Auf dem festen Gelee die Broccolischeiben arrangieren und mit dem restlichen Hühnergelee begießen.

FISCH-CHARLOTTE

FÜR 8–10 PERSONEN ■ ■ ■
MW-Solo
Zubereitungszeit:
1 Stunde
Ruhezeit: einige Stunden
Pro Portion bei 8 Personen:
255 kcal
24 g E, 15 g F, 2 g K

LACHSFÜLLUNG
300 g frisches Lachsfilet
Salz
weißer Pfeffer
aus der Mühle
5 EL eiskalte Sahne
2 eiskalte Eiweiß

HECHTFÜLLUNG
1 Scheibe entrindetes
Toastbrot
8 EL eiskalte Sahne
2 eiskalte Eiweiß
300 g Hechtfilet
abgeriebene Schale von ½
unbehandelten Zitrone
Salz
weißer Pfeffer
aus der Mühle

AUSSERDEM
300 g frische Spinatblätter
4 Seezungenfilets
(je ca. 70 g)
etwas Zitronensaft
Fett für die Form

1. Das Lachsfilet in Stücke schneiden und im Cutter pürieren. Salzen und pfeffern, Sahne und Eiweiß hinzufügen und rasch zu einer glatten Farce verarbeiten. In eine Schüssel geben und zugedeckt kaltstellen.
2. Das Toastbrot in Stücke schneiden und mit der Sahne und dem Eiweiß vermischt ziehen lassen. Das Hechtfleisch im Cutter pürieren, das eingeweichte Brot, Zitronenschale, Salz und Pfeffer dazugeben und schnell zu einer Farce verarbeiten. Ebenfalls zugedeckt kühlen.
3. Die Spinatblätter verlesen, kurz waschen und tropfnaß in ein Tuch gehüllt in die Mikrowelle legen. 2 Minuten bei 600 Watt blanchieren.
4. Die Seezungenfilets kurz waschen, trockentupfen, mit Salz und Pfeffer würzen und mit etwas Zitronensaft beträufeln. Jedes Filet gleichmäßig mit Spinatblättern belegen (einige Blätter zurückbehalten) und aufrollen. Etwa 15 Minuten im Tiefkühlgerät etwas angefrieren lassen, dann jedes Röllchen in dünne Scheiben schneiden.
5. Eine mikrowellengeeignete Kuppelform (16 cm Durchmesser) oder eine passende Schüssel einfetten. Die Schüsselwand ohne Zwischenräume mit den Seezungenscheiben auslegen. Die Lachsfarce vorsichtig einfüllen, die Schicht mit den restlichen Spinatblättern belegen. Darüber die Hechtfarce streichen. Mit einem Teller bedecken und in 4 Minuten bei 600 Watt und 5–6 Minuten bei 360 Watt garen lassen, dabei die Form einmal um 180° drehen.
6. Die Pastete in der Form erkalten lassen. Vor dem Servieren auf eine runde Platte stürzen.
Beilage: knuspriges Weißbrot, eventuell ein kleiner Salat
Getränkeempfehlung: Champagner rosé

> **TIP** *Mit der Mikrowelle wird jede Terrine auch für Kochungeübte machbar. Im Wasserbad benötigt die Charlotte ca. 1 Stunde. Nach dem Garen und etwa 5 Minuten Ruhezeit die Charlotte kurz stürzen und prüfen, ob die Seezungenröllchen gar sind. Falls nicht – die gestürzte Terrine 2 Minuten bei 600 Watt nachgaren.*

GEFLÜGELTERRINE
MIT BROCCOLISTREIFEN

GEMÜSE-GUGLHUPF MIT KRÄUTER-VINAIGRETTE

FÜR 4 PERSONEN
MW-Solo
Zubereitungszeit:
35 Minuten
Pro Portion:
385 kcal
9 g E, 34 g F, 6 g K

1 große, junge Möhre
100 g weißer Spargel
100 g tiefgekühlte Erbsen
50 g magerer, roher Schinken
200 g Sahne
2 Eier
1 Eigelb
Salz
weißer Pfeffer aus der Mühle
frischgeriebene Muskatnuß
Fett für die Form

VINAIGRETTE
Salz
1 TL Dijonsenf
1 EL Weißweinessig
2 EL trockener Weißwein
4 EL Öl
1 EL gehackte Schalotten
5 EL gehackte Kräuter (Basilikum, Petersilie, Kerbel, Estragon)

1. Die Möhre waschen, schaben und in kleine Würfel schneiden. Die Spargelstangen schälen und in 2 cm lange Stücke teilen.

> TIP *Die Gemüsesorten können je nach Jahreszeit variieren. Je frischer das Gemüse, um so besser das Gericht.*

Mit den Erbsen und dem in kleine Würfel geschnittenen Schinken vermischen und in eine mikrowellengeeignete Guglhupfform (Durchmesser ca. 16 cm) geben.
2. Sahne, Eier und Eigelb gründlich miteinander verquirlen, mit Salz, Pfeffer

Das rohe Gemüse in die Guglhupfform füllen und mit der gewürzten Sahne-Eigelb-Masse begießen.

Gehackte Kräuter und Schalotten der Vinaigrette zufügen.

und Muskat würzen und über das Gemüse gießen. Zugedeckt 14–16 Minuten bei 600 Watt garen.
3. Die Form herausnehmen und zugedeckt noch einige Minuten nachgaren lassen.
4. Während der Garzeit die Vinaigrette zubereiten. Dazu Salz, Senf und Essig so lange miteinander verrühren, bis sich das Salz gelöst hat. Dann unter weiterem Rühren den Wein und das Öl hinzugießen. Die Schalotten und 2 Eßlöffel Kräuter unter die Vinaigrette mischen.
5. Den noch lauwarmen Guglhupf auf eine Platte stürzen, mit den restlichen Kräutern bestreuen und mit der Vinaigrette servieren.
Beilage: kleine Brötchen
Getränkeempfehlung: leichter Roséwein

ARTISCHOCKEN MIT SENF-HOLLANDAISE

FÜR 2 PERSONEN ■■
MW-Solo
Zubereitungszeit:
30 Minuten
Pro Portion:
305 kcal
5 g E, 24 g F, 13 g K

2 mittelgroße Artischocken
Saft von ½ Zitrone
Salz
6 EL Wasser

HOLLANDAISE
50 g Butter
1 Eigelb
2 EL Weißwein
etwas Zitronensaft
1 TL feiner Dijonsenf
Salz
weißer Pfeffer aus der Mühle

1. Die Artischocken gründlich waschen, Blattspitzen und Stielenden abschneiden und mit Zitronensaft abreiben.
2. Die Artischocken in eine Mikrowellenform geben, mit Salzwasser begießen und zugedeckt 8–12 Minuten bei 600 Watt, je nach Größe garen lassen. Zugedeckt warmstellen.
3. Währenddessen für die Hollandaise die Butter in ½–1 Minute bei 600 Watt schmelzen lassen. Das Eigelb mit Weißwein, Zitronensaft und Senf verquirlen und für 1–2 Minuten bei 360 Watt in die Mikrowelle geben, dabei zwischendurch einmal mit einem Schneebesen durchschlagen. Herausnehmen. Die Eiermasse mit einem Schneebesen aufschlagen und nach und nach die flüssige Butter dazugießen. Es muß eine cremige Sauce entstehen. Mit Salz und Pfeffer abschmecken.
4. Die Artischocken auf zwei Teller geben und die Hollandaise dazu reichen.
Beilage: frisches Weißbrot
Getränkeempfehlung: leichter Weißwein

GRATINIERTE PORTWEINBIRNEN

FÜR 4 PERSONEN ■
MW-Kombi
Zubereitungszeit:
10 Minuten
Marinierzeit: 30 Minuten
Pro Portion:
255 kcal
8 g E, 11 g F, 19 g K

2 vollreife, aromatische Birnen
⅛ l roter Portwein
20 g gehackte Walnüsse
4 Scheiben Camembert mit Edelpilz, z. B. Bavaria blu (1 cm dick)

1. Die Birnen schälen, halbieren, die Kerngehäuse herausschneiden und die jeweils entstandene Mulde mit einem Teelöffel vergrößern.
2. Die Birnenhälften nebeneinander mit der Schnittfläche nach unten in eine Mikrowellenform legen und mit Portwein begießen. Etwa 30 Minuten darin marinieren, dabei immer wieder mit dem Portwein begießen.
3. Die Birnen in der Mikrowelle 4–5 Minuten bei 600 Watt zugedeckt garen. Sie dürfen nicht zu weich werden.
4. Den Grill eines Kombi-Herdes vorheizen.
5. Die Birnen umdrehen und die Walnüsse in die Mulde geben. Mit den Käsescheiben belegen und in 1 Minute bei 600 Watt und zugeschaltetem Grill überbacken.
Beilage: knuspriger Toast und Preiselbeeren
Getränkeempfehlung: Portwein

WIRSINGRÖLLCHEN
MIT PILZFÜLLUNG

WIRSING-RÖLLCHEN MIT PILZFÜLLUNG

FÜR 4 PERSONEN ■ ■ ■
MW-Solo
Zubereitungszeit:
40 Minuten
Pro Portion:
250 kcal
10 g E, 22 g F, 2 g K

4 schöne, große Wirsingblätter
250 g gemischte Waldpilze z. B. Steinpilze, Pfifferlinge, Maronen oder Butterpilze
2 EL gehackte Schalotten
30 g Butter oder Margarine
200 g Frischkäse
2 EL gehackte Petersilie
3 EL geriebener Emmentaler
Salz
schwarzer Pfeffer aus der Mühle
4 EL Kalbsfond (aus dem Glas)
2 EL Crème fraîche

1. Die Wirsingblätter waschen und tropfnaß in ein Tuch einhüllen und für 3–4 Minuten bei 600 Watt in die Mikrowelle legen.
2. Die Pilze putzen, nur wenn nötig, waschen und in Scheibchen schneiden. Die Schalottenwürfel in eine Mikrowellenform geben und in 2 Minuten bei 600 Watt glasig braten.
3. Die Pilze dazugeben und erneut 4–5 Minuten bei 600 Watt zugedeckt andünsten.
4. Frischkäse, Petersilie und 2 Eßlöffel Käse verrühren. Die etwas abgekühlten Pilze dazugeben, und mit Salz und Pfeffer würzen.
5. Die Wirsingblätter ausbreiten, mit der Pilzmasse bestreichen und die Schmalseiten einschlagen. Dann aufrollen und nebeneinander in eine Mikrowellenform legen. Mit dem Kalbsfond begießen. Crème fraîche und den restlichen Käse verrühren und die Gemüseröllchen damit bestreichen.
6. Zugedeckt 3–4 Minuten bei 600 Watt garen lassen, dann den Deckel abnehmen und in weiteren 2 Minuten bei 600 Watt fertiggaren.
7. Wenn Sie die Wirsingröllchen im Kombi-Gerät zubereiten, schalten Sie zum Schluß den Grill zu und streuen vorher noch einen Eßlöffel geriebenen Käse über die Röllchen. Nach Belieben mit gehackter Petersilie servieren.
Getränkeempfehlung: Weißwein, z. B. Gewürztraminer

Die nassen Wirsingblätter im Tuch in die Mikrowelle legen.

Die Pilzfüllung auf den Wirsingblättern verteilen und diese rollen.

Vor dem Bestreichen mit Käse die Wirsingröllchen mit dem Kalbsfonds begießen.

GEFÜLLTE TOMATEN MIT KÄSE GRATINIERT

FÜR 4 PERSONEN ■
MW-Kombi
Zubereitungszeit:
20 Minuten
Pro Portion:
160 kcal
8 g E, 12 g F, 4 g K

4 vollreife, große Tomaten (400 g)
Salz
schwarzer Pfeffer aus der Mühle
2 in Öl eingelegte Sardellen
8 schwarze Oliven
½ TL abgezupfte Thymianblättchen
3 Eier
2 EL Sahne
3 EL geriebener Gruyère oder Emmentaler

1. Die Tomaten waschen, Deckel abschneiden und die Kerne sowie das harte Mark entfernen. Das Fruchtfleisch innen salzen und pfeffern. Die Deckel in feine Würfel schneiden.
2. Die Sardellen in kleine Stücke schneiden, die Oliven entkernen, vierteln und mit den Thymianblättchen vermischen.
3. Eier und Sahne verquirlen, Tomatenwürfel, Sardellen, Oliven, Thymian und 1 Eßlöffel Käse untermischen.
4. Den Grill eines Kombi-Gerätes vorheizen.
5. Die ausgehöhlten Tomaten auf eine mikrowellengeeignete Platte stellen und die Eimasse hineinfüllen.
6. Mit dem restlichen Käse bestreuen und im Kombi-Herd in 2–3 Minuten bei 600 Watt und zugeschaltetem Grill überbacken.
Getränkeempfehlung: leichter Rotwein, z. B. aus der Provence

CROSTINI MIT HÜHNERLEBER

FÜR 4–6 PERSONEN ■ ■
MW-Solo
Zubereitungszeit:
30 Minuten
Pro Portion bei 4 Personen:
360 kcal
24 g E, 10 g F, 39 g K

1 kleine Zwiebel
2 EL Olivenöl
300 g Hühnerleber
1 Zweig Thymian
2 EL Tomatenstücke (Fertigprodukt)
6 EL Hühnerbrühe (Extrakt)
Salz
schwarzer Pfeffer aus der Mühle
2 Sardellen
1 EL Kapern
1 EL gehackte Kräuter
6 Scheiben Toskaner Brot (italienisches Weißbrot)
Thymianblättchen zum Bestreuen

1. Die Zwiebel schälen, in kleine Würfel schneiden und mit dem Öl in eine Mikrowellenform geben. 2–3 Minuten bei 600 Watt glasig braten.
2. Die Hühnerleber von Fett- und Hautteilen befreien und in kleine Stücke schneiden. Die Leberstückchen zu den Zwiebeln geben und offen 3–4 Minuten bei 600 Watt anbraten.
3. Thymian, Tomatenstücke und Brühe dazugeben, salzen und pfeffern und 4–5 Minuten bei 600 Watt kochen lassen. Anschließend durch eine Flotte Lotte oder ein Sieb streichen.
4. Die Sardellen fein hakken und mit den Kapern und den Kräutern unter die Lebercreme mischen.
5. Die Weißbrotscheiben toasten, mit der warmen oder kalten Creme bestreichen, mit Thymianblättchen bestreuen und in kleine Stücke schneiden.
Getränkeempfehlung: Weißwein aus der Toskana, z. B. Vernaccia di S. Gimignano

TEIGTÄSCHCHEN MIT EXOTISCHER GEMÜSEFÜLLUNG

FÜR 4 PERSONEN ■■■
MW-Kombi
Zubereitungszeit: 1 Stunde
Einweichzeit: 2 Stunden
Pro Portion:
465 kcal
7 g E, 35 g F, 24 g K

10 g getrocknete Mu-Err-Pilze
300 g tiefgekühlter Blätterteig
1 dünne Stange Porree
250 g Chinakohl
3 EL Öl
100 g Sojabohnensprossen
1 Bund Petersilie
3 EL Sojasauce
4 EL trockener Sherry (Fino)
Salz
schwarzer Pfeffer aus der Mühle
1 Msp. gemahlenes Zitronengras oder unbehandelte, abgeriebene Zitronenschale
½ TL Chinagewürzmischung
1 TL gehackte Ingwerwurzel
1 Eigelb zum Bestreichen

1. Die Mu-Err-Pilze etwa 2 Stunden in lauwarmem Wasser einweichen. Die Blätterteigplatten nebeneinanderliegend auftauen lassen.

> TIP *Sojasauce oder eine andere fernöstliche Sauce dazu reichen.*

2. Die Porreestange putzen, waschen und in feine Ringe, den Chinakohl in feine Streifen schneiden und mit dem Öl in eine Mikrowellenform geben. 4–5 Minuten bei 600 Watt offen anbraten, dabei zwischendurch umrühren.
3. Bohnensprossen, abgetropfte Pilze sowie die gehackte Petersilie untermischen und mit Sojasauce, Sherry und den Gewürzen abschmecken. Weitere 4–5 Minuten bei 600 Watt in der Mikrowelle kochen lassen. Kaltstellen.
4. Die aufgetauten Blätterteigplatten übereinanderlegen, auf einer bemehlten Arbeitsplatte etwa 3 mm dick ausrollen und in 10 mal 12 cm große Rechtecke teilen.
5. Den Backofen eines Kombi-Gerätes auf 220 °C vorheizen.
6. Die Teigstücke mit der Füllung belegen und die Ränder mit Wasser bepinseln. Zu Taschen zusammenklappen und auf ein mit Backpapier ausgelegtes Blech legen. Mit Eigelb bestreichen und in 10 Minuten bei 90 Watt und 220 °C (Heißluft 200 °C) goldbraun backen.
Getränkeempfehlung: trockener Sherry (Fino)

Den ausgerollten Blätterteig in 10 × 12 große Rechtecke unterteilen.

In die Mitte der Teigstücke einen Klacks Gemüsefüllung setzen, den Teig zu einer Tasche zusammenklappen und die Ränder mit den Gabelzinken gut andrücken.

BRATWURST-PÄCKCHEN

FÜR 6–8 PERSONEN ■■
MW-Kombi
Zubereitungszeit: 40 Minuten
Pro Portion bei 6 Personen:
470 kcal
12 g E, 34 g F, 25 g K

TEIG
200 g Mehl
Salz
frischgeriebene Muskatnuß
100 g Butter
4–6 EL Milch

FÜLLUNG
300 g rohe Bratwurst
1 Eigelb
1 TL Majoranblätter

ZUM BESTREICHEN
1 Eigelb
1 EL Sahne

1. Mehl, Salz und Muskat in eine Schüssel geben. Die Butter in Flöckchen darauf verteilen. Milch dazugeben und alles zu einem glatten Teig verkneten.
2. Den Teig auf einem bemehlten Brett noch einmal gut durchkneten und zu einem Rechteck ausrollen und in 12 cm große Quadrate schneiden.
3. Bratwurstbrät mit Eigelb und Majoran verrühren.
4. Den Backofen eines Kombi-Gerätes auf 220 °C vorheizen.
5. Die Füllung auf die Teigquadrate verteilen, die Ränder mit Wasser bepinseln und zu Päckchen zusammenklappen. Mit den Schnittflächen nach unten auf ein mit Backpapier ausgelegtes Backblech legen. Aus dem restlichen Teig kleine Kordeln formen und die Oberfläche damit wie ein Päckchen verzieren. Eigelb und Sahne verquirlen und die Gebäckstücke damit bestreichen.
6. Auf der unteren Schiene in 10–12 Minuten bei 90 Watt und 220 °C (Heißluft 200 °C) goldbraun backen.
Getränkeempfehlung: Pils

LAUWARMER PORREESALAT MIT ZITRONENSAUCE

FÜR 4 PERSONEN ■
MW-Solo
Zubereitungszeit: 25 Minuten
Pro Portion:
185 kcal
5 g E, 17 g F, 3 g K

4 kleine Stangen Porree
⅛ l Kalbsfond
Salz

VINAIGRETTE
2 EL Zitronensaft
Salz
1 TL Schalottensenf
weißer Pfeffer
5 EL neutrales Öl

AUSSERDEM
100 g Räucherzunge, in Scheiben geschnitten
1 EL gehackte Petersilie

1. Die Wurzeln der Porreestangen abschneiden und die grünen Enden entfernen. Die Stangen in schräge, etwa ½ cm dicke Scheiben schneiden, in kaltem Wasser waschen und auf einem Durchschlag abtropfen lassen.
2. Die Porreeringe in eine Mikrowellenform geben, das Gemüse nicht höher als 3 cm übereinander hineinschichten. Mit dem Kalbsfond begießen, salzen und zugedeckt 6–8 Minuten bei 600 Watt garen. Einige Minuten ruhen lassen.
3. Für die Vinaigrette Zitronensaft, Salz, Senf und Pfeffer mit einem Schneebesen verrühren, bis sich das Salz gelöst hat, dann unter weiterem Rühren das Öl dazugießen.
4. Das Gemüse mit der Zitronenvinaigrette vermischen und auf einer Platte anrichten. Die Räucherzunge in schmale Streifen schneiden und mit der Petersilie über den Salat streuen. Lauwarm servieren.
Beilage: Weißbrot
Getränkeempfehlung: Pils

Rohkost spielt eine Hauptrolle in der Schlanken Küche, vor allem wenn es um Vorspeisen und kleine Gerichte geht. Da lassen sich Kalorien sparen, ohne daß der Wohlgeschmack darunter leidet. Und frische Gemüse, Früchte und Zutaten für feine Dressings sind jederzeit und überall zu haben. Mit »schwereren« Ingredienzen wie saurer Sahne, Öl und Butter geht man natürlich sparsam um. Mit Gurken, Tomaten, Fenchel, Rettich und vor allem Kräutern braucht man nicht zu geizen.
Wem beim Anrichten des Vorspeisentellers der Sinn gerade nicht nach Rohkost steht, der kann in ganz andere kulinarische Gefilde ausschweifen. Ein pikantes Rindfleischsülzchen belastet das Kalorienkonto genauso wenig wie ein gebratener Tofu mit süßsaurem Gemüse. Wer seinen gebremsten Hunger besonders sparsam stillen möchte, der kann die Vorspeise, den Salat ein wenig üppiger machen und ganz einfach zum Hauptgericht erklären.

Artischockenherzen in Tomaten-Vinaigrette (Rezept Seite 152)

APFELSALAT MIT MUNGOBOHNEN-KEIMLINGEN

FÜR 4 PERSONEN ■
Zubereitungszeit:
30 Minuten
Pro Portion:
130 kcal
2 g E, 6 g F, 17 g K

500 g säuerliche, rotbackige Äpfel (z. B. Elster oder Jonathan)
100 g Mungobohnen-keimlinge
1 Kästchen Kresse

MARINADE
1 TL Honig
1 TL Sojasauce
½ TL geriebener Meerrettich
Salz
1 EL Apfelessig
2 EL neutrales Öl
schwarzer Pfeffer aus der Mühle

1. Die Äpfel waschen, vierteln und die Kerngehäuse entfernen. Mit der Schale feinblättrig schneiden. Mit den Mungobohnenkeimlingen in einer Schüssel vermischen und mit der abgeschnittenen, kurz gewaschenen Kresse bestreuen.

> **TIP** *Mungobohnen gibt es gekeimt zu kaufen, man kann sie aber auch unproblematisch selbst zum Keimen bringen.*

2. Für die Marinade den Honig mit Sojasauce, Meerrettich, Salz und Essig verrühren und unter Rühren mit einem Schneebesen das Öl hinzufügen. Die Marinade mit Pfeffer würzen und über die Salatzutaten verteilen.

FELDSALAT MIT ROSA GRAPEFRUIT UND GERÖSTETEN SONNENBLUMEN-KERNEN

FÜR 4 PERSONEN ■
Zubereitungszeit:
30 Minuten
Pro Portion:
150 kcal
4 g E, 9 g F, 13 g K

200 g Feldsalat
2 rosa Grapefruits
30 g geschälte Sonnenblumenkerne

MARINADE
1 TL Ahornsirup
Salz
1 TL Aceto Balsamico
1 EL Walnußöl
1 EL neutrales Öl
schwarzer Pfeffer aus der Mühle
1 Prise Cayennepfeffer

1. Vom Feldsalat die Wurzelenden so abschneiden, daß die Pflänzchen noch zusammenhalten. Gründlich in einer Schüssel mit reichlich kaltem Wasser waschen, dabei das Wasser so lange erneuern, bis alle Sandteilchen entfernt sind. Salat in einer Salatschleuder trockenschleudern.
2. Die Grapefruits über einer Schüssel so dick schälen, daß die weiße Haut völlig entfernt ist. Mit einem scharfen Messer das Fruchtfleisch aus den Zwischenhäuten schneiden. Die Fruchtspalten mit dem Feldsalat vermischt in eine flache Schüssel geben.
3. Die Sonnenblumenkerne trocken in einer Pfanne rösten.
4. Für die Marinade den Ahornsirup in die Schüssel mit dem abgetropften Grapefruitsaft geben, Salz und Essig hinzufügen und so lange mit einem kleinen Schneebesen rühren, bis sich das Salz gelöst hat. Unter weiterem Rühren die Öle dazugießen und pfeffern.
5. Die Salatsauce über den Feldsalat mit den Grapefruitfilets verteilen, locker vermischen und mit den gerösteten Sonnenblumenkernen bestreut servieren.

Den Feldsalat nach dem gründlichen Waschen gut trockenschleudern.

Beim Schälen der Grapefruit die dicke weiße Haut mitentfernen.

Mit einem scharfen Messer das Fruchtfleisch aus den Zwischenhäuten lösen.

RETTICHSALAT ROT-WEISS-GRÜN

FÜR 4 PERSONEN ■
Zubereitungszeit:
20 Minuten
Pro Portion:
40 kcal
1 g E, 3 g F, 3 g K

1 junger weißer Rettich
1 Bund Radieschen
1 kleine Salatgurke

MARINADE
Salz
2 EL Weißweinessig
1 EL neutrales Öl
weißer Pfeffer aus der Mühle
1 Bund Schnittlauch

1. Rettich und Radieschen von den Blätter befreien und wie die Salatgurke gründlich waschen. Den Rettich, falls nötig, schaben.
2. Von der Gurke die beiden Enden abschneiden. Ungeschält wie den Rettich mit einem Gurkenhobel, die Radieschen mit einem Messer in feine Scheibchen schneiden und alles in eine große Schüssel geben.
3. Für die Marinade das Salz mit dem Essig in einer kleinen Schüssel so lange mit einem kleinen Schneebesen verrühren, bis sich das Salz gelöst hat. Dann unter Rühren das Öl dazugießen und die Vinaigrette über die Salatzutaten gießen. Mit Pfeffer und feingeschnittenem Schnittlauch bestreuen und alles locker vermischen.

> **TIP** *Ein erfrischender Salat zu Gegrilltem oder Kurzgebratenem oder solo zu einem Vollkornbrot mit Butter.*

FENCHELROHKOST MIT MANGO

FÜR 4 PERSONEN	■
Zubereitungszeit:	
20 Minuten	
Pro Portion:	
120 kcal	
4 g E, 3 g F, 17 g K	

2 kleine Fenchelknollen
1 kleine, vollreife Mango
1 Orange

MARINADE
1 EL Crème fraîche
2 EL Magerjoghurt
1 EL Zitronensaft
2 EL Orangensaft
Salz
1 Prise Cayennepfeffer
20 g geröstete Kürbiskerne zum Bestreuen

1. Die Fenchelknollen waschen, das Blattgrün abschneiden und fein hacken. Die Knollen halbieren und jede Hälfte in hauchdünne Streifen schneiden.
2. Die Mango schälen, das Fruchtfleisch in Spalten vom Kern lösen und in Würfel schneiden. Die Orange so dick schälen, daß die weiße Haut völlig entfernt ist. Das Fruchtfleisch von den Zwischenhäuten lösen. Die Orangenspalten mit dem Fenchel und der Mango in eine Schüssel geben.
3. Aus Crème fraîche, Joghurt, Zitrussäften, Salz und Cayennepfeffer eine glatte Salatsauce rühren. Über die Salatzutaten gießen, das kleingehackte Fenchelkraut hinzufügen und alles locker vermischen. Zum Schluß mit Kürbiskernen bestreuen.

TIP *Anstelle der Kürbiskerne können Sie auch Pinienkerne verwenden.*

Das Blattgrün von der Fenchelknolle abtrennen und fein hakken.

Die Fenchelknolle halbieren und in hauchdünne Scheiben schneiden.

Die ganze Mango mit einem scharfen Messer schälen.

Das Fruchtfleisch in Spalten vom Kern ablösen.

EXOTISCHER CHICOREESALAT

FÜR 4 PERSONEN	■ ■
Zubereitungszeit:	
30 Minuten	
Pro Portion:	
150 kcal	
3 g E, 4 g F, 24 g K	

2 große Chicoree
1 Orange
1 Kiwi
1 kleine Banane
½ vollreife Mango
4 frische Datteln

DRESSING
2 EL Salatmayonnaise (50%)
100 g Magerjoghurt
1 TL milder Curry
1 Spritzer Tabasco
Saft von 1 Zitrone
1 Msp. gemahlenes Zitronengras oder abgeriebene Schale von ½ unbehandelten Zitrone
½ TL gehackter roter Pfeffer

1. Die Chicoree waschen, halbieren und den Keil am unteren Ende herausschneiden, in Streifen schneiden. Die Orange so dick schälen, daß die weiße Haut völlig entfernt ist. Das Fruchtfleisch herausfiletieren. Kiwi und Banane schälen und in Scheiben, das Fruchtfleisch der geschälten Mangohälfte in Würfel schneiden. Von den frischen Datteln mit einem spitzen Messer die Haut abziehen. Früchte halbieren, entkernen und in Viertel teilen. Die vorbereiteten Zutaten in eine große Schüssel geben.
2. Für das Dressing Salatmayonnaise, Joghurt und Curry verrühren und mit Tabasco, Zitronensaft und Zitronengras oder Zitronenschale würzig abschmecken und über die Salatzutaten gießen. Vorsichtig vermischen und mit gehacktem rotem Pfeffer bestreuen.

BROCCOLISALAT MIT KRABBEN

FÜR 4 PERSONEN	■ ■
Zubereitungszeit:	
40 Minuten	
Pro Portion:	
80 kcal	
9 g E, 3 g F, 4 g K	

500 g Broccoli
Salz
100 g ausgelöste Nordseekrabben
Saft von ½ Zitrone

DRESSING
2 EL Crème fraîche
100 g Magerjoghurt
2 EL Zitronensaft
Salz
1 Msp. Cayennepfeffer
abgeriebene Schale von ½ unbehandelten Zitrone
1 EL feingeschnittener Schnittlauch

1. Broccoli waschen, die Blätter entfernen, den dikken Stiel in Stücke schneiden und das Gemüse in kleine Röschen zerteilen. Wenig Salzwasser in einem halbhohen Topf zum Kochen bringen und das Gemüse darin in etwa 12–15 Minuten al dente kochen.
2. Die Krabben in eine Schüssel geben, mit Zitronensaft marinieren und zugedeckt in den Kühlschrank stellen.
3. Das gegarte Gemüse auf einen Durchschlag schütten, sofort in eine Schüssel mit eiskaltem Wasser tauchen und gut abtropfen lassen.
4. Für das Dressing Crème fraîche und Magerjoghurt miteinander verrühren und mit Zitronensaft, Salz, Cayennepfeffer und Zitronenschale würzig abschmecken. Zum Schluß den Schnittlauch untermischen.
5. Das Gemüse auf einer Platte anrichten, gleichmäßig mit dem Dressing begießen und mit den Krabben bestreuen.

BUNTER KARTOFFELSALAT

FÜR 4 PERSONEN ■
Zubereitungszeit:
30 Minuten
Ruhezeit: 1 Stunde
Pro Portion:
150 kcal
3 g E, 6 g F, 22 g K

500 g festkochende Kartoffeln
½ Salatgurke
2 Tomaten
1 kleiner Apfel
2 Frühlingszwiebeln
½ Bund Rauke (Rucola) oder Brunnenkresse

MARINADE
Salz
2 EL Weißweinessig
5 EL heißes Wasser oder Fleischbrühe
2 EL Öl
schwarzer Pfeffer aus der Mühle
2 EL feingeschnittener Schnittlauch zum Bestreuen

1. Die Kartoffeln waschen und in der Schale gar kochen. Das Wasser abgießen und die Kartoffeln unter Schütteln abdampfen lassen.

> TIP *Gibt man noch fettarme Wiener Würstchen in Scheiben geschnitten unter den Salat, hat man eine sättigende Mahlzeit. Gut für Berufstätige zum Mitnehmen.*

2. In der Kochzeit der Kartoffeln die Gurke waschen, mit Schale in kleine Würfel schneiden. Die Tomate waschen, in Achtel schneiden. Den Apfel schälen, halbieren und ohne Kerngehäuse in Würfel schneiden. Die Frühlingszwiebeln in feine Scheiben und die Rauke in Streifen schneiden.
3. Die etwas abgekühlten Kartoffeln pellen, ebenfalls in kleine Würfel schneiden und mit den übrigen Salatzutaten in eine Schüssel geben.
4. Aus Salz, Essig, Wasser oder Fleischbrühe, Öl und Pfeffer eine Marinade rühren. Über den Salat gießen, mit Schnittlauch bestreuen und locker vermischen. Etwa 1 Stunde durchziehen lassen.

Das rohe Gemüse auf einem Kunststoff- oder Holzbrett kleinschneiden.

Die gekochten Kartoffeln pellen, würfeln und mit den anderen Salatzutaten in einer Schüssel vermischen.

ZUCCHINI-MÖHREN-ROHKOST MIT ORANGEN-VINAIGRETTE

FÜR 4 PERSONEN ■
Zubereitungszeit:
20 Minuten
Pro Portion:
105 kcal
2 g E, 6 g F, 11 g K

3 kleine Zucchini
3 junge Möhren
1 unbehandelte Orange

VINAIGRETTE
Salz
1 TL feiner Dijonsenf
1 TL Honig
3 EL frischgepreßter Orangensaft
1 EL frischgepreßter Zitronensaft
2 EL Olivenöl extra vergine
schwarzer Pfeffer aus der Mühle

ZUM BESTREUEN
etwas geraspelte Orangenschale
5–6 feingeschnittene Basilikumblätter

1. Die Zucchini waschen und an beiden Enden abschneiden, die Möhren waschen und bei Bedarf schaben. Beide Gemüse der Länge nach in dünne Scheiben, dann quer in schmale Streifen schneiden.

> TIP *Unbedingt kleine Zucchini und junge Möhren verwenden!*

2. Die Orange so dick schälen, daß die weiße Haut völlig entfernt ist, dann das Fruchtfleisch aus den Zwischenhäuten lösen. Die Orangenspalten in kleine Stücke teilen und zum Gemüse geben.
3. Für die Vinaigrette Salz, Senf und Honig verrühren und nach und nach die Zitrussäfte und das Öl hinzufügen. Pfeffern und so lange rühren, bis die Sauce eine cremige Konsistenz hat.
4. Die Orangenvinaigrette über die Salatzutaten gießen, gründlich vermischen und den Salat mit der frischgeraspelten Orangenschale und den Basilikumstreifen bestreuen.

Möhren und Zucchini nach dem Waschen in schmale Streifen schneiden.

Mit einem Julienne-Messer von der Orangenhaut feine Raspeln abtrennen.

Die Vinaigrette mit einem Schneebesen gut durchschlagen.

SOMMERLICHER KRABBEN-GURKEN-SALAT

SOMMERLICHER KRABBEN-GURKEN-SALAT

FÜR 4 PERSONEN ■
Zubereitungszeit:
15 Minuten
Pro Portion:
100 kcal
8 g E, 6 g F, 3 g K

1 mittelgroße Salatgurke
150 g ausgelöste Nordseekrabben

VINAIGRETTE
1 EL Weißweinessig
1 El Zitronensaft
Salz
2 EL Öl
schwarzer Pfeffer aus der Mühle

AUSSERDEM
1 Bund Dill

1. Die Gurke schälen, die Enden abschneiden und auf dem Gurkenhobel in feine Scheibchen schneiden. Mit den Krabben in eine Schüssel geben.

> TIP *Das beste Aroma haben natürlich frische Freiland-Salatgurken. An heißen Sommertagen ist dieser Salat eine köstlich erfrischende und leichte Mahlzeit für 2 Personen – für 4 Personen eine Vorspeise.*

2. Für die Vinaigrette Essig, Zitronensaft und Salz so lange verrühren, bis sich das Salz gelöst hat. Unter Rühren das Öl hinzugießen und mit Pfeffer würzen. Die Vinaigrette mit den Salatzutaten gründlich vermischen. Zum Schluß den feingeschnittenen Dill dazugeben und den Salat kurz durchziehen lassen.

RADICCHIO-RUCOLA-SALAT MIT PARMESAN

FÜR 4 PERSONEN ■
Zubereitungszeit:
15 Minuten
Pro Portion:
100 kcal
5 g E, 8 g F, 1 g K

1 Bund Rucola (Rauke)
1 kleiner Kopf Radicchio

VINAIGRETTE
Salz
1 EL Rotweinessig
1 TL Aceto Balsamico
1 Msp. scharfer Senf
schwarzer Pfeffer aus der Mühle
1 EL Olivenöl
1 EL Walnußöl

AUSSERDEM
50 g junger Parmesan

1. Die Rucolablätter verlesen, dabei die dickeren Stiele entfernen. Von dem Radicchio den Strunk abschneiden, die Blätter ablösen und wie die Rucolablätter in kleine Stücke zerpflücken. Beide Salatsorten waschen und in einem Salatsieb trockenschleudern.

> TIP *Rucola, auch bekannt unter Rauke, Ruca, Roquette, ist ursprünglich ein Wildkraut, das nun, der starken Nachfrage wegen, angebaut wird. Importe kommen hauptsächlich aus Frankreich und Italien.*

2. Für die Vinaigrette das Salz mit den beiden Essigsorten, Senf und Pfeffer so lange verrühren, bis sich das Salz völlig gelöst hat. Unter weiterem Rühren mit einem kleinen Schneebesen die Öle dazugießen.

3. Die Vinaigrette über die Salatzutaten gießen und gründlich miteinander vermischen. Den Salat auf 4 Teller verteilen und mit dem in kleine Stückchen gebrochenen oder fein gehobelten Parmesan bestreuen.

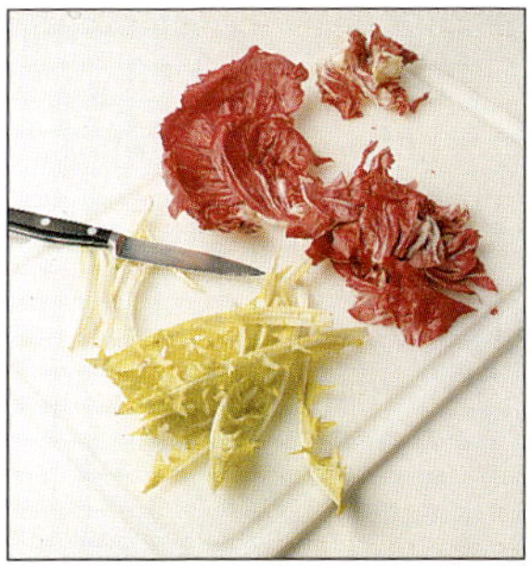

Jedes Salatblatt vom Strunk befreien und danach in kleine Stücke zerpflücken.

Nach dem Waschen die Salatblätter gut trockenschleudern.

Mit einer Gabel kleine Stückchen vom Parmesan abbrechen.

SAUERKRAUT-SALAT MIT TRAUBEN

FÜR 4 PERSONEN ■
Zubereitungszeit:
20 Minuten
Ruhezeit: 30 Minuten
Pro Portion:
175 kcal
2 g E, 10 g F, 16 g K

300 g rohes Sauerkraut
1 mittelgroßer, rotbackiger Apfel (z. B. Jonathan)
200 g blaue Trauben

MARINADE
Salz
1–2 EL Weißweinessig
1 EL Ahornsirup
4 EL Weißwein
2 EL Öl
schwarzer Pfeffer aus der Mühle

1. Das Sauerkraut kleinschneiden. Den Apfel waschen, vierteln, das Kerngehäuse entfernen und die Apfelviertel mit der Schale quer in dünne Scheibchen schneiden. Die Trauben waschen, halbieren und, falls nötig, entkernen. Alle Zutaten in einer Schüssel vermischen.

> TIP *Sauerkraut enthält viele Ballaststoffe, ist reich an Vitamin C und das alles bei nur 25 kcal pro 100 g.*

2. Für die Marinade, Salz, Essig, Ahornsirup und Weißwein miteinander verrühren und nach und nach unter weiterem Rühren das Öl hinzugießen. Mit Pfeffer würzen und mit den Salatzutaten gründlich vermischen. Mindestens 30 Minuten durchziehen lassen.

SALAT VON ZUCKERSCHOTEN MIT KIRSCHTOMATEN

FÜR 4 PERSONEN ■
Zubereitungszeit:
20 Minuten
Ruhezeit: 30 Minuten
Pro Portion:
315 kcal
18 g E, 6 g F, 44 g K

300 g Zuckerschoten
Salz

VINAIGRETTE
2 EL Weißweinessig
Salz
½ TL Dijonsenf
2 EL Öl
1 EL feingehackte Schalotten
1 EL gemischte Frühlingskräuter
schwarzer Pfeffer aus der Mühle

AUSSERDEM
200 g Kirschtomaten

1. Von den Zuckerschoten die Enden abschneiden und die Schoten, falls nötig, entfäden. Reichlich Salzwasser in einem großen Kochtopf zum Kochen bringen und das Gemüse darin etwa 3–5 Minuten blanchieren. Auf einen Durchschlag schütten, dann kurz in eisgekühltes Wasser tauchen und abtropfen lassen.
2. Für die Vinaigrette Essig mit Salz und Senf so lange verrühren, bis sich das Salz gelöst hat, dann unter weiterem Rühren das Öl hinzugießen. Zum Schluß Schalottenwürfel, Kräuter und Pfeffer untermischen.
3. Die Zuckerschoten in eine Schüssel geben, gründlich mit der Vinaigrette vermischen und 30 Minuten durchziehen lassen.
4. Die Kirschtomaten waschen, in Viertel schneiden und unter den Salat mischen.
5. Den Salat auf vier Schälchen verteilen und servieren.

MUSCHELSALAT AUF JAPANISCHE ART

FÜR 4 PERSONEN ■ ■
Zubereitungszeit:
30 Minuten
Ruhezeit: 15 Minuten
Pro Portion:
115 kcal
6 g E, 3 g F, 5 g K

1 kg frische Miesmuscheln
⅛ l Sake (Reiswein) oder trockener Sherry (Fino)
⅛ l Wasser
Salz
1 kleine Salatgurke
2 Frühlingszwiebeln
2 Tomaten

MARINADE
Salz
2 EL Reisessig oder Apfelessig
2 EL Sake oder trockener Sherry (Fino)
1 EL Miso (Sojabohnenpaste)
1 Msp. Wasabipulver oder ½ TL geriebener Meerrettich
1 EL Sesamöl

1. Die Miesmuscheln mit einer Bürste gründlich reinigen, schon geöffnete Muscheln wegwerfen.

> **TIP** *Wasabi ist japanischer Meerrettich. Es gibt ihn frisch, pulverisiert und als Würzpaste. Da er in jeder Form sehr scharf ist, Vorsicht beim Würzen.*

2. Reiswein und Wasser in einem großen flachen Schmortopf zum Kochen bringen, salzen. Die Muscheln hineingeben und zugedeckt bei schwacher Hitze 3–4 Minuten garen lassen. Die geöffneten Muscheln auf einen Durchschlag schütten und etwas abkühlen lassen.
3. Das Gemüse gründlich waschen. Die Gurke ungeschält und die Frühlingszwiebeln mit einem kleinen Teil des Grüns in hauchdünne Scheiben schneiden. Die Tomaten achteln.
4. Das Muschelfleisch aus den Schalen lösen und mit dem kleingeschnittenen Gemüse in einer Schüssel vermischen.
5. Für die Marinade die angegebenen Zutaten miteinander verrühren und über die Salatzutaten gießen. Gründlich vermischen und etwa 15 Minuten durchziehen lassen.

Die ungeschälte Gurke und die Frühlungszwiebeln in dünne Scheibchen schneiden.

Das Muschelfleisch aus den Schalen lösen.

Alle Zutaten für die Marinade mit einem Schneebesen gut verrühren.

GEFLÜGELSALAT MIT MAIS UND PAPRIKA

FÜR 4 PERSONEN ■
Zubereitungszeit:
20 Minuten
Ruhezeit: 30 Minuten
Pro Portion:
600 kcal
43 g E, 18 g F, 60 g K

1 gegartes Brathähnchen (ca. 900 g)
1 rote Paprikaschote
1 grüne Paprikaschote
1 kleine Zwiebel
1 Knoblauchzehe
1 kleine Dose Maiskörner

MARINADE
Salz
1 EL Tomatenketchup
½ TL Paprikamark
schwarzer Pfeffer aus der Mühle
2 EL Rotweinessig
2 EL Öl
1 EL gehackte Petersilie zum Bestreuen

1. Den Backofen auf 250 °C vorheizen.
2. Das Hähnchen enthäuten, entbeinen und das Geflügelfleisch in Würfel schneiden.
3. Die Paprikaschoten waschen und auf einem Backblech auf der mittleren Schiene so lange in den Backofen geben, bis die Haut platzt. Das dauert zwischen 10–15 Minuten. Die Schoten zwischendurch wenden.
4. Zwiebel und Knoblauchzehe schälen und fein hacken. Die Paprikaschoten häuten, halbieren und Stengelansätze sowie Kerne entfernen. Die Paprika in Würfel schneiden und mit den Maiskörnern, den Zwiebel- und Knoblauchwürfeln vermischen.
5. Für die Marinade alle Zutaten miteinander verquirlen und mit den Salatzutaten gründlich vermischen. Den Salat mindestens 30 Minuten durchziehen lassen, dann mit Petersilie bestreut servieren.

GEFLÜGELSALAT
MIT MAIS UND PAPRIKA

GURKENSCHIFFCHEN MIT GEMÜSEQUARK

FÜR 2 PERSONEN ■■
Zubereitungszeit:
20 Minuten
Pro Portion:
190 kcal
20 g E, 6 g F, 13 g K

1 Mini-Salatgurke
Salz
schwarzer Pfeffer
aus der Mühle
250 g Magerquark
2 EL Sahne
1 kleine Schalotte
½ Knoblauchzehe
½ kleine rote
Paprikaschote
½ kleine grüne
Paprikaschote
1 kleine Möhre
1 Kästchen Kresse
1 Msp. Estragonsenf

1. Die Gurke waschen und mit einem Gurkenschäler so schälen, daß immer wieder ein grüner Streifen bleibt. Die Mini-Gurke halbieren, mit einem Teelöffel die Kerne herausschaben. Die Gurke leicht salzen und pfeffern.
2. Den Quark mit der Sahne cremig rühren.
3. Schalotte und Knoblauchzehe schälen und fein hacken. Die gewaschenen Paprikaschoten in winzige Würfel schneiden. Die Möhre waschen, schaben und auf der Rohkostreibe fein raspeln. Die Kresse abschneiden, in ein Sieb geben und kurz waschen. Die Hälfte davon hacken, mit dem Gemüse unter den Quark mischen und mit Estragonsenf, Salz und Pfeffer würzen.

> **TIP** *Das Gemüse kann je nach Jahreszeit variieren. Eventuell ein kleingehacktes, hartgekochtes Ei untermischen.*

4. Gemüsequark in einen Spritzbeutel mit großer Tülle füllen und in die ausgehöhlte Mulde der Salatgurke spritzen. Mit der restlichen Kresse garnieren.

Die Gurke nur streifenweise von der Schale befreien.

Knoblauch und Möhre fein hakken.

Mit einem Löffel den Gemüsequark in einen Spritzbeutel mit großer Tülle füllen.

BIRNENSALAT MIT RÄUCHERFORELLE

FÜR 4 PERSONEN ■
Zubereitungszeit:
20 Minuten
Pro Portion:
110 kcal
5 g E, 6 g F, 7 g K

2 mittelgroße Birnen
(Williams Christ)
100 g geräucherte
Forellenfilets
2 Zweige frischer Majoran

VINAIGRETTE
Salz
1–2 EL Zitronensaft
2 EL Öl
schwarzer Pfeffer
aus der Mühle

1. Die Birnen schälen und die Kerngehäuse entfernen. Die Fruchthälften der Länge nach in dünne Spalten schneiden und fächerartig auf 4 Teller anrichten.
2. Die Forellenfilets in kleine Stückchen schneiden und zu den Birnenfächern legen. Die Blätter der gewaschenen Majoranzweige abzupfen und die Hälfte davon über die Birnen und den Räucherfisch verteilen.
3. Für die Vinaigrette die restlichen Majoranblätter fein hacken und mit Salz und Zitronensaft in einer Schüssel vermischen. Dann unter Rühren das Öl dazugießen und zu einer cremigen Sauce rühren.
4. Die Vinaigrette gleichmäßig über die Birnen verteilen und mit Pfeffer bestreuen.

> **TIP** *Die Birnen sollen vollreif und aromatisch sein, damit der Salat fruchtig schmeckt.*

ARTISCHOCKENHERZEN IN TOMATEN-VINAIGRETTE

Foto Seite 140

FÜR 2 PERSONEN ■
Zubereitungszeit:
15 Minuten
Pro Portion:
70 kcal
1 g E, 5 g F, 4 g K

4 mittelgroße, eingelegte
Artischockenherzen
2 mittelgroße Tomaten

VINAIGRETTE
Salz
1 Msp. Dijonsenf
1 EL Weißweinessig
1 EL Olivenöl
1 EL gehackte Schalotten
1 TL gehackte Petersilie
schwarzer Pfeffer
aus der Mühle
1 Kerbelzweig

1. Die Artischockenherzen aus der Marinade nehmen, abtropfen lassen und halbieren. Jeweils 4 Hälften kranzförmig in die Mitte eines Tellers anordnen.
2. Die Tomaten blanchieren, häuten, halbieren, entkernen und ohne die Stengelansätze in kleine Würfel schneiden.

> **TIP** *Ganz besonders fein schmeckt diese Vorspeise aus frischen, kurz gekochten Artischokken.*

3. Salz und Senf mit dem Essig so lange verrühren, bis sich das Salz gelöst hat und mit dem Öl zu einer cremigen Sauce rühren. Tomaten- und Schalottenwürfel sowie die Petersilie untermischen.
4. Die Salatsauce gleichmäßig über die Artischokkenherzen verteilen. Mit Pfeffer bestreuen und mit Kerbel garnieren.

TOMATENSÜLZCHEN AUF EIER-KRESSE-SALAT

FÜR 4 PERSONEN ■■
Zubereitungszeit:
30 Minuten
Ruhezeit: 2 Stunden
Pro Portion:
85 kcal
6 g E, 5 g F, 3 g K

SÜLZCHEN
300 g vollreife Tomaten
1 TL Tomatenmark
Salz
weißer Pfeffer
aus der Mühle
1 TL Aceto Balsamico
3–4 Basilikumblätter
3 Blatt weiße Gelatine

SALAT
1 Bund frische Brunnenkresse oder 2 Kästchen Kresse
2 hartgekochte Eier
Salz
1 TL Weißweinessig
1 EL Olivenöl
schwarzer Pfeffer
aus der Mühle

1. Für die Sülzchen die Gelatine in kaltem Wasser einweichen.
2. Die Tomaten waschen, in Stücke schneiden und im Mixer fein pürieren. Durch ein Haarsieb streichen, mit Tomatenmark verrühren und mit Salz, Pfeffer, Essig und den feingehackten Basilikumblättern würzig abschmecken.
3. Die eingeweichte Gelatine gut ausdrücken und mit wenig Wasser bei schwacher Hitze auflösen und unter Rühren mit dem Tomatensaft vermischen. Die Masse in 4 leicht geölte kleine Tassen oder Förmchen füllen und im Kühlschrank in etwa 2 Stunden erstarren lassen.
4. Für den Salat die Brunnenkresse putzen, waschen und trockenschleudern, Kresse mit einer Schere abschneiden. Die Eier schälen und mit einem Eierschneider in Scheiben schneiden. Die

Die Gelatineblätter in kaltem Wasser einweichen und danach gut ausdrücken.

Die bei schwacher Hitze aufgelöste Gelantine mit dem Tomatensaft vermischen.

Die erstarrten Tomatensülzchen in der Form kurz in ein Wasserbad tauchen.

Eierscheiben kreisförmig auf vier Tellern anordnen, dabei in der Mitte einen Platz für die Sülzchen lassen. Die Kresse locker darüber verteilen.
5. Aus Salz, Essig und Öl eine Salatmarinade rühren.
6. Sobald die Tomatensülzchen erstarrt sind, die Förmchen kurz in heißes Wasser tauchen und jeweils auf die Tellermitte stürzen. Die Vinaigrette auf dem Eier-Kresse-Kranz verteilen und mit Pfeffer bestreuen.

VOLLKORNBRATLINGE MIT WÜRZIGER THUNFISCHCREME

FÜR 4 PERSONEN ■
Zubereitungszeit:
35 Minuten
Einweichzeit: über Nacht
Pro Portion:
200 kcal
15 g E, 10 g F, 10 g K

BRATLINGE
120 g Sechskorn-Mischung
10 g flüssige Butter
1 Ei
40 g Vollkornbrösel
2 EL gehackte Kräuter
schwarzer Pfeffer
aus der Mühle
½ TL Selleriesalz
2 EL Sesamöl

THUNFISCHCREME
1 Dose Thunfisch naturell (ca. 150 g Fischeinwaage)
1 kleine Zwiebel
1 kleine Essiggurke
2 gewässerte Sardellen
1 EL Frischkäse (50% F. i. d. Tr.)
1 EL gehackte Petersilie
1 EL kleine Kapern
schwarzer Pfeffer
aus der Mühle

AUSSERDEM
1 hartgekochtes Ei
4 Zweige Petersilie

1. Die Sechskorn-Mischung mit heißem Wasser übergießen und über Nacht einweichen.
2. Die Körner ausdrükken und mit Butter, Ei, Vollkornbröseln und Kräutern vermischen. Mit Pfeffer und Salz würzen.
3. Aus der Körnermasse vier Bratlinge formen und in heißem Öl rundum goldbraun braten.
4. Den Thunfisch mit der geschälten Zwiebel, der Gurke, den Sardellen und dem Frischkäse pürieren.
5. Petersilie und Kapern unter die Creme mischen und mit Pfeffer würzen.
6. Die Bratlinge mit der Thunfischcreme bestreichen und mit Eiviertel und Petersilie garnieren.

MATJESTATAR AUF APFELSCHEIBEN

FÜR 4 PERSONEN ■
Zubereitungszeit:
20 Minuten
Pro Portion:
170 kcal
7 g E, 11 g F, 9 g K

1 kleiner Apfel (Cox Orange)
1 Fleischtomate
1 kleine Zwiebel
1 mittelgroße Essiggurke
2 zarte Matjesfilets (je ca. 80 g)
1 TL gehackter Dill
1 EL Salatmayonnaise (50%)
schwarzer Pfeffer
aus der Mühle
1 großer, säuerlicher Apfel
4 Zweige Dill

1. Den Apfel schälen, halbieren und das Kernhaus entfernen. Die Tomate kurz blanchieren, die Haut abziehen und Stengelansätze und Kerne entfernen. Apfel, Tomate, geschälte Zwiebel und Essiggurke würfeln.
2. Die Matjesfilets mit einem Wiegemesser oder einem breiten Messer fein wiegen, mit den kleingeschnittenen Zutaten und dem Dill vermischen. Die Salatmayonnaise unterrühren. Würzig mit Pfeffer abschmecken.
3. Den Apfel schälen, das Kerngehäuse ausstechen und den Apfel in 1 cm dicke Scheiben schneiden.
4. Auf jede Apfelscheibe einen Eßlöffel Matjestatar häufen und mit einem Dillzweig garnieren.

TIP *Für 4 Personen eine Vorspeise – für 2 Personen ein Abendessen. Man kann das Tatar auch auf Vollkornbrot anrichten. Je zarter die Matjes, um so feiner das Tatar.*

GEBRATENER TOFU
MIT SÜSSAUREM GEMÜSE

GEBRATENER TOFU MIT SÜSSAUREM GEMÜSE

FÜR 2 PERSONEN ■■
Zubereitungszeit:
30 Minuten
Pro Portion:
ca. 455 kcal
24 g E, 21 g F, 37 g K

4 Frühlingszwiebeln
1 mittelgroße Möhre
100 g Shii-Take-Pilze oder Egerlinge
100 g Zuckerschoten
250 g Tofu
3 EL Sesamöl
Salz
schwarzer Pfeffer aus der Mühle
1 Msp. gemahlener Ingwer
½ TL Chinagewürz Dayong
2 EL Reiswein oder trockener Sherry (Fino)
1 TL Ahornsirup
1 EL Sojasauce

1. Das Gemüse putzen und waschen. Die Frühlingszwiebeln in dünne Scheiben, die Möhren in kleine Würfel und die Pilze feinblättrig schneiden. Von den Zuckerschoten die Enden abknipsen, eventuell abfädeln.
2. Den Tofu in zwei gleiche Stücke teilen. 1 Eßlöffel Öl in einer beschichteten Pfanne erhitzen und den Tofu darin von beiden Seiten jeweils 1–2 Minuten anbraten. Mit Salz, Pfeffer, Ingwer und Chinagewürz bestreuen und zugedeckt warmhalten.
2. Das restliche Öl in einem Wok oder einer hochwandigen Pfanne erhitzen und das Gemüse nacheinander unter Rühren kurz anbraten. Mit Salz und Pfeffer, Reiswein oder Sherry, Sirup und Sojasauce würzen.
3. Den Tofu schräg in Scheiben schneiden, auf vorgewärmte Teller verteilen und mit dem Gemüse bedecken.

TEIGTÄSCHCHEN MIT HÜHNERFÜLLUNG AUF DAMPF GEGART

FÜR 4 PERSONEN ■■■
Zubereitungszeit:
40 Minuten
Pro Portion:
215 kcal
15 g E, 8 g F, 19 g K

TEIG
100 g Mehl
6–8 EL Wasser
1 TL Öl

FÜLLUNG
150 g Hühnerbrustfleisch
100 g tiefgekühlter Blattspinat
1 EL Sesamöl
80 g Krabben
2 EL Kokosmilch (Dose) oder
2 EL Kokosraspeln
2 EL Sojasauce
½ TL gemahlenes Zitronengras oder unbehandelte, abgeriebene Zitronenschale
Salz
schwarzer Pfeffer aus der Mühle
1 EL geröstete Sesamkörner
½ Bund Schnittlauch

1. Mehl, Wasser und Öl zu einem glatten Nudelteig verkneten und mit einem Tuch bedeckt 15 Minuten ruhen lassen.
2. Währenddessen das Hühnerfleisch in dünne, kleine Scheibchen schneiden und den aufgetauten Spinat grob hacken.

> **TIP** *Man kann diesen Teig auch als Taschen in einer Brühe servieren.*

3. Das Öl in einem Wok oder einer hochwandigen Pfanne erhitzen und erst das Fleisch, dann die Krabben und zum Schluß den Spinat unter Rühren bei starker Hitze darin anbraten. Kokosmilch und Sojasauce dazugießen,

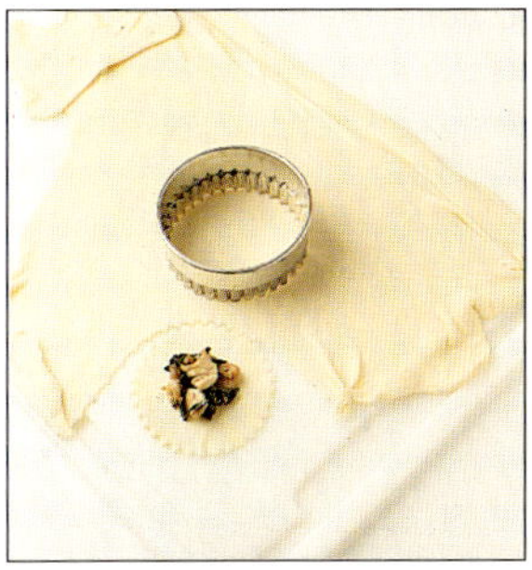

Aus dem Nudelteig Kreise ausstechen und jeweils etwas Füllung daraufgeben.

Den Teig wie ein Säckchen um die Füllung hochziehen.

mit Zitronengras, Salz und Pfeffer würzen und unter Rühren so lange braten, bis die Flüssigkeit verdampft ist. Die Sesamkörner untermischen und abkühlen lassen.
4. Den Nudelteig auf einer bemehlten Arbeitsfläche sehr dünn ausrollen und mit den Fingerspitzen vorsichtig hauchdünn ausziehen. Aus der Teigplatte 12 Kreise mit einem Durchmesser von ca. 10 cm ausstechen. Jeweils in die Mitte etwas von der Füllung geben, den Teig über der Füllung wie kleine Säckchen zusammendrücken. Mit einem Schnittlauchstreifen zubinden.
5. Die Teigtäschchen in einen Bambuskorb oder auf ein Lochsieb geben und in einen Topf mit wenig kochendem Wasser stellen. Zugedeckt über Dampf in wenigen Minuten garen lassen.
6. Auf vier Teller verteilen und mit Sojasauce oder einer anderen fernöstlichen Sauce servieren.

EIER MIT KRABBEN-DILL-FÜLLUNG

FÜR 4 PERSONEN ■■
Zubereitungszeit:
20 Minuten
Pro Portion:
140 kcal
12 g E, 8 g F, 2 g K

4 hartgekochte Eier
100 g fettarmer Frischkäse oder Magerquark
50 g ausgelöste Nordseekrabben
1 TL Zitronensaft
1 Msp. Cayennepfeffer
Salz
schwarzer Pfeffer aus der Mühle
1 Bund Dill

SALAT
½ Kopfsalat
Salz
1 TL Weißweinessig
1 EL Öl

1. Die Eier schälen, halbieren und den Dotter herauslösen. Die Eigelb in eine Schüssel geben und mit einer Gabel fein zerdrücken. Unter Rühren nach und nach den Frischkäse hinzufügen.
2. Die Krabben grob hakken, unter die Eier-Käse-Creme mischen und mit Zitronensaft, Cayennepfeffer, Salz und Pfeffer würzig abschmecken.
3. Aus der Masse Kugeln in Größe der Eidotter formen. Den Dill waschen und mit einem Wiegemesser sehr fein hacken. Die Ei-Krabben-Kugeln in Dill wälzen und in die ausgehöhlten Eier legen.
4. Die Salatblätter kurz waschen, trockenschleudern und mit einer Vinaigrette aus Salz, Essig und Öl anmachen.
5. Den Salat auf 4 Teller verteilen und darauf jeweils 2 Eihälften anrichten.

REGISTER

Lizenzausgabe mit Genehmigung der Mosaik Verlag GmbH, München für die Bertelsmann Club GmbH, Gütersloh die EBG Verlags GmbH, Kornwestheim die Deutsche Buch-Gemeinschaft C. A. Koch's Verlag Nachf. GmbH, Gütersloh die Buchgemeinschaft Donauland Kremayr & Scheriau, Wien die Deutsche Buch-Gemeinschaft C. A. Koch's Verlag Nachf., Wien und die Buch- und Schallplattenfreunde GmbH, Zug/Schweiz

Umschlag- und Einbandgestaltung: Jürgen Th. Bremann, Marketing und Werbung
Projektleitung: Peter Schmoeckel
Redaktion: Ulla Jacobs, Cornelia Klaeger, Heidrun Schaaf, Dr. Renate Zeltner
Layout und Herstellung: Peter Pleischl, Paul Wollweber
Satz: Filmsatz Schröter GmbH, München
Reproduktion: Kolb Repro, München
Druck und Bindung: Mohndruck Graphische Betriebe GmbH, Gütersloh
Printed in Germany · Buch-Nr. 04623 5